バランスの舞台裏‥

中国80後（バーリンホウ）の仕事と家事・育児の役割調整プロセス

田　娘 ［著］

三学出版

序言

中国では1949年以来、30年ほどの計画経済体制を経験したが、それ以降の市場経済が導入されてすでに40年近く経っている。経済体制からはじめ、政策構造、人々の価値観に大きな変化が見られた。そして、国、家族、個人の関係も変化しつつある。中国の家族変動については、国の政策が大きく影響していることが特徴的である。計画経済期の「単位」社会から改革開放政策以降の社区建設へ、また一人っ子政策の実施と終焉、これらの政策の転向は人々の家族構成、世代間関係、家族アイデンティティに影響を与えることは言うまでもない。そこで本稿では一人っ子政策および改革開放の二つの政策の下で生まれ、育てられ、「小皇帝」と名付けられた「80後」（バーリンホウ世代）の生殖家族を研究対象にする。子どもを持ち、大人になった「小皇帝」の生殖家族の以前の世代との異同を考察し、社会主義的近代および圧縮近代を経験する中国の家族変動の現在に着目する。80後家族の比較対象として、70後家族の分析も行い、彼らの仕事、家事と育児の現状、抱えている葛藤、行われた調整を中国現代社会のひとつの縮図として提示することとした。80後の特徴と社会問題を踏まえ、本研究では以下の目的を設定した。

80後の特徴と社会問題を踏まえ、本研究では、子どもを持つ80後が保守的及びリベラルな性別役割分業の価値観の間で、どのようなライフスタイルを選択するのかと、そのプロセスに注目する。具体的には、80後がどのように稼得役割と家事・育児役割の意味づけをし、遂行するのかということ、そして、遂行の際に生じる葛藤と、その正当化のプロセスを明らかにする。最後に、「親への移行」というライフイベントを経験する際における、稼得役割と家事・育児役割の遂行のプロセスに注目し、70後と比較しながら分析を行うことで、80後ライフスタイル選択過程の独自性を可視化させ、特徴を明らかにする。

先行研究では、中国全体の家族を対象に、家族変動を一括でとらえる研究が主であるが、そこでは、中国の家族が多様で、変動的であることが明らかにされている。経済市場化が進む現在の中国では、国が提唱する「男女同じ」の規範、集団主義の拘束力が弱まり、個人化が進む様相が見られている。一方、本研究では、世代別に、核家族の成員である男性と女性の相互作用、男女平等のジェンダー規範、集団主義を提唱する社会の変化に注目しながら分析を行うという点で、新規性がある。80後と70後家族の比較を通して、中国家族変動の傾向の提示を試みた。また、中国の家族研究では男性への注目が欠如しがちである。

そこで、本研究では、妻と夫の相互作用における役割遂行の文脈の中で議論を展開した。

本書は序章と六章の本論で構成されている。第一章では中国の家族を議論するための家族変動、世代間関係、ジェンダー規範の変遷の歴史を整理した。第二章では、80後と70後の由来と中国の改革開放の社会構造の変化を提示し、80後研究、仕事と家事・育児の問題に関する研究を取り上げた。そして、80後の家族と中国の家族変動に関する研究を述べ、本研究における80後研究と中国の家族変動研究の位置付けを明確にした。第三章では、調査データに関する説明をし、本研究の調査地である山東省と調査対象者の特徴を述べた。第四章と第五章の実証部分では、半構造化インタビューを通して得られた語りデータの分析結果を展開した。そこで、80後男性と女性の役割遂行やその意味づけだけではなく、夫婦の互いに対する評価も取り入れ、夫婦間の相互作用を見出した。また、70後との比較を行い、80後のライフスタイル選択過程で見られたジェンダー規範と80後家族の特徴を明らかにした。結論の第六章では、研究結果を総括的に述べた後に、本研究の問題関心に沿って80後研究、中国の家族変動への示唆と残された課題を提示した。

本研究の結果として次のような知見が得られた。70後と比べ、80後のほうがよりジェンダー意識がリベラルであるにもかかわらず、稼得役割と家事・育児役割の遂行において、70後よりも保守的なジェンダー規範の性別分業に従っている傾向が見られた。そして、役割遂行において、70後よりも80後のほうの葛藤が大きい。また、80後の役割遂行は個人の戦略的な性格をもつため、80後のジェンダー意識が保守化したと評価をすることは尚早であろう。さらに、80後は個人として家族と関わり、家族の有限性を了承し、80後家族には70後より脱近代的な様相が多くなった。よって、80後ないしそれ以降の90後、00後家族は先進国に見られたかつての標準的な近代家族化はしない可能性が示唆された。

目次

序章

第1節　問題背景

改革開放の社会背景で生まれた一人っ子世代である80後（バーリンホウ：下記80後）は三十代になった。かれらが直面する中国社会は大きな変革期を迎えている。それは、経済構造の改革から社会構造の変化までに見られる。80後の就職、恋愛、結婚などのライフイベントは、激しく変化し続ける中国社会、国際環境に影響を受けながら、経験されていくものである。本節では、80後が直面する社会背景を総合的に述べることを通して、次の第3節で述べる本研究の目的と意義に繋げていく。

日本外務省中国・モンゴル第二課が平成30年に発表した『最近の中国経済と日中経済関係』によると、日本の最大の貿易相手国は中国であり（２０１７年時点で日中貿易総額は2，968億ドル、日米貿易総額は2，０６５億ドル）、日系企業の拠点数の最も多い国も中国である（第二位：米国、第三位：インド）。また、貿易だけではなく、人的交流も盛んであり、中国人の割合は訪日者数の一位を占め（２０１７年時点で７５６万人、前年比１５．４％増）、「爆買い」のような流行語ができるほど、一般市民の生活に影響が及んでいることを日本社会全体が実感している。

しかし、日本では現在の中国社会と文化がよく理解されているとは言い難い。中国の社会と文化を理解するためには、中国の家族に関する理解は避けて通れない（石２０１５）。そこで、現在働き盛りの世代である80後を見るのは、中国の家族の現在および今後を知るよい手がかりだと考える。改革開放の背景で生まれた初代の一人っ子世代の代表と言える80後のほとんどは、計画経済を経験した１９５０、１９６０年代生まれの親に育てられた。そして、一人っ子政策で生まれた80後は、出産年齢を迎える時期に一人っ子政策の終焉と二人っ子政策の開始に遭遇した。中国の人口政策は、社会構造、経済構造の変動と連動している（張２０１３）。これまでの中国は労働人口が豊富であり、そのことは経済が発展する「原動力」となったとも言える（関２０１３）。一人っ子政策の影響の下で、乳幼児死亡率が減り、平均寿命の上昇によって、中国人口動向は「高出生率、高死亡率、高人口増加率」の発展途上国型から、「低出生率、低死亡率、低人口増加率」の先進国型への転身を短いスパンで達成した（関２０１３：５９）。その結果、中国は急速的に高齢化が進む社会になりつつある（関２０１３）。急速な高齢化に対応するため、中国では２０１５年前後から一人っ子政策を停止し、二人っ子政策へと移行する人口政策の転換が推進されるようになった。都市部で厳しく施行された一人っ子政策の影響の下で生まれた80後や90後世代に「421家族」（一人っ子同士の夫婦二人に双方の親四人、一人の子どもからなる家族）が誕生し（張2013）、二人っ子政策が実行されると、「422家族」も出現すると考えられる。中国の世代間関係はフィードバック式であるといわれている（費1985，2011＝2013）。フィードバック式とは、子どもには育ててもらった恩情の返しとして老いた両親を扶養し、介護する責任があるという考えである（費1985，2011＝2013）。家族の介護はしばしば女性が担う傾向にあり、フィードバック式の世代間関係における家族のケアは、女性に負担がかかるものである（熊1998）。現在の中国は、物価が上昇し、就業が不安定になり、教育費用が高騰しつつある（張2013）。このような社会情勢への対応を強いられている一人っ子同士の夫婦に、双方の親、子どもからなる80後の家族において、今までの親族関係を維持できるかどうかが問題視されている。したがって、家族変動の方向性とそれに関連する社会問題は注目すべき課題であり、世代間関係や結婚行動などの問題はしばしば先行研究で取り上げられてきたが、80後の仕事と家事・育児における調整の問題に関する考察は少ない。特に、女性が仕事と家庭の二重負担を抱えていることは、改革開放40周年を迎える現代中国の女性と家族の問題として提起され[1]、今後の家族研究と社会発展の重要課題として注目されている（楊２０１８）。現在育児期にあたる80後家族の仕事と家事・育児の調整を検討することは、これからの世代の親子関係、若者の結婚行動などの研究にも示唆を与えることが可能であり、大きな意義を持つと考える。

就業面を見ると、改革開放政策以前の計画経済時代の中国では、人々の就業は国の計画経済政策を通して守られ、比較的に安定的な就業形態を維持できた。１９８７年に改革開放政策が実施され、経済の市場化が進み、経済構造の改革が起こったことをきっかけに、国から一様に分配する形であった就業は個々人で行うことになった。また、１９９０年代以降から国営企業のレイオフのために失業する人数が多くなり、計画経済時代では安定的であった就業形態が不安定なものになりつつある。その中で、特に女性の就業は男性以上に厳しい状況にさらされている（張２００４）。経済の市場化とともに、女性の就業率が減る傾向となり、若者のジェン

1 習近平国家主席の重要講演として取り上げられた２０１８年11月2日の婦聯会議での発話では「（婦聯は）女性の仕事と家庭の調和問題を重視し、女性の社会責任と家族への貢献を果たせるようにするための援助を提供すべき」と指示した。（中華人民共和国中央人民政府ホームページ　http://www.gov.cn/xinwen/2018-11/02/content_5336958.htm　２０１８年12月28日取得）

ダー意識は保守化している（李２００４）とも指摘され、中国における女性問題が研究者に問題視されるようになった（例えば、万ら２０１４、徐２０１０、李２０１６）。中国のＧＤＰが年率10％増加する１９９１年から２０１２年までにおいて、「雇用の伸びは同0.8％」に留まり、経済成長率に伴わない雇用の伸びである「深刻な構造問題」――「雇用なき成長」が見られた（関２０１３：６８）。経済の市場化が進み、経済は成長したが、雇用の増加率は経済の成長度合いほど大きく伸びていない。いわば、80後は以前の世代より競争的な、女性に不利な就業環境に直面していると考えられる。

現在の中国では、建国以来構築された男女共働き規範の揺らぎが見られ、「半分の天を支える」のスローガンで提示された女性像が変化している。Saxonberg & Sirovatka (2006) は四つのポスト共産主義国（チェコ、ポーランド、スロバキア、ハンガリー）の家族政策を分析し、「再伝統化」、「再家族化」の概念を提示した。落合（２０１２：１５）は Saxonberg & Sirovatka (2006) の知見を踏まえつつ、違いはもちろんあるものの、アジアでもポスト共産主義国に見られた、女性の家族的な役割を強調するような「再伝統化」、「再家族化」が起こっていると述べた。

中国においては、計画経済が市場経済に移行するとともに、国が住民の地域生活を直接影響するような「単位」社会が衰退し、住民が自ら地域に働きかけることを期待される「社区」建設が登場した。社会資源へのアクセスルートも変わり、今まで所属企業に付属していた病院や学校、レジャー施設が市場化され、配分されるものであった社会資源はやがて住民自身で統合するような形となった。社会構造、経済構造、資本主義国家との関係の変化は人々の価値観に影響をもたらし、「伝統」への回帰と「伝統」の打破が同時に期待されているようにみえる。例えば、「叩かれても、叩き返さない、叱られても、言い返さない」、「貞操が堅いことは女性の美徳」を宣揚する「女徳講演会」は批判されつつも全国に広がり（鳳凰網２０１７年11月報道、網易新聞２０１８年10月報道）[2]、「親孝行演習会」というような講座が盛んになった。その一方で、「偽娘」（女装する男性）、「女漢子」（タフガール）、ＢＬ（ボーイズラブ）などのサブカルチャーがインターネットを通して広がり、同時並行して同性間の親密関係を描写するドラ

2　鳳凰網：「探访神秘〝女德班〟：女子点外卖不刷碗就是不守妇道」https://guoxue.ifeng.com/a/20171130/53730657_0.shtml（２０１８年10月24日取得）網易新聞：「风靡全国的〝女德班〟」http://news.163.com/18/1025/10/DUV437MR 000181BT.html（２０１８年10月24日取得）

マ[3]が放送され、若者を中心にブームになった。中国において、落合（２０１２）が述べるアジアに見られた「再伝統化」、「再家族化」の動きとして「女徳講演会」、「親孝行演習会」がみられた一方で、サブカルチャーの隆盛もみられるのは、価値観の多様化を示すものであるともいえる。現代中国の社会状況が「激しく変化する」過程の真っ只中であり、「出生率が低く、人口の流動性も高い」、「伝統的な」家族主義と「リベラルな」価値観が入り乱れて、「家族は不安定な状態」になりつつある（李ら２０１６：１）。

この現状を踏まえて、本研究では80後の生殖家族を研究対象として、中国のジェンダー規範と家族変動の様相をつかみたい。80後は計画経済時代の歴史的経験を持つ親の価値観から影響を受けながら、中国の市場経済化の進行やグローバル化といった社会背景の中で育てられた世代であり、彼らの仕事、家事・育児に関する問題、夫婦間、親子間における調整を、具体的な中国現代社会のひとつの縮図として本研究で提示したい。また、日本では、女性の活躍が期待され、女性の労働市場への参加が推進されようとしている。男女とも労働市場に参加し、共働きが一般的である中国家族の研究は、日本において男女参画社会のあり方を検討する際に示唆

3　例えば：ドラマ『上癮』、『镇魂』。

を与えるものになりうる。

第2節　概念の説明――性別役割分業に関する意識と行動

本節では、まず、本書で用いる概念について説明する。次に、概念間の関係を述べ、80後家族における仕事と家事・育児の調整と利用可能な資源について考察する視点を提示する。

家父長制と性別役割分業

瀬地山（1990：80）によると、家父長制とは「性と世代に基づいて、権力が不均等に、そして役割が固定的に配分されるような規範と関係の総体」である。性別役割分業（sexual division of labor）とは、「男性は賃金を得る市場労働」、「女性が家事を行い」、「次の世代の労働力を育てるという家庭内労働を」行うという形式の分業である（江原1989：13）。ここでは瀬地山（1990）の資本主義制度と社会主義制度の家父長制の比較を通して、中国社会主義体制における家父長制と性別役割分業の特徴を述べた上で、中国の家族主義について紹介する。これによって、近代家族と家父長制、性別役割分業、家族主義の概念間の関係を説明することもできると考える。

資本主義制度と家父長制のもとで、男性が稼得役割、女性が家庭役割を担うという性別役割分業が特徴である近代家族モデルが誕生した（瀬地山1996）。資本主義社会では、男性が生産労働をして、女性が主婦になって再生産労働を担う。その結果、性別役割分業が維持され、たとえ女性が労働市場に進出できたとしても不利な立場に置かれやすい。社会主義体制でも産業化が図られた点から、資本主義も社会主義も「産業化の下位類型」であると考えると、社会主義社会は、資本主義社会と同様に「産業社会の提起した職住分離にともなう労働力再生産システムの再編という難題に」直面する（瀬地山1996：78）。社会主義化の段階では、女性の就労が奨励され、女性解放の名目の下で社会発展に必要な労働力を確保していた（瀬地山1996）。確かに、社会主義化は、女性を労働力化するなど、伝統的な家父長制の一部を変えるような作用を発揮していたが、家庭内の役割分担の再編は労働市場ほどなかった。つまり、女性が稼得と家事・育児を同時に行う二重役割負担を担わされるような恐れが出てくる（瀬地山1996）。

やがて、経済発展を図るため、1979年から中国は経済市場化を導入し改革開放政策が実施された。社会主義化の段階においては、社会主義が優位であり、女性を労働力化するなど家父長制が揺るがされたが、市場経済システムが導入された後には、家父長制の復活が見られるようになった（瀬地山1996）。瀬地山（1996）によると、社会制度の変換が起こったこの時期こそ、中国社会に潜んでいる家父長制規範の方向性が露呈してくる。その意味で、社会主義化の下での女子の労働力化は、「単なる二重役割負担で主婦の誕生以前の状況を作りだしていたのか、あるいは主婦の消滅以降」であるのか、「ある程度予測できる」。（瀬地山1996：82－83）。そこで、瀬地山（1996）は社会主義の中国は主婦が消滅した後の社会なのか、それとも、女性が無理に働かされている主婦の誕生以前の社会なのかという論点のもとで、中国においては主婦の誕生以前よりも、消滅後に近いとの仮説を提示した。この仮説は現在においても、依然として支持されていると考えられる（瀬地山2017）。

したがって、市場経済下の現代で生活を営む80後家族の仕事と家事・育児の問題を検討することは、80後のライフスタイルの特徴を明らかにできるとともに、中国のジェンダー規範の現在を理解することも可能であろう。以上、家父長制と社会主義体制の関係、およびそこに存在する性別役割分業との関係を明示した。

ここからは中国の家族主義の様相にふれながら、家父長制及び性別役割分業との関係について簡単に説明する。封建社会に由来する中国の家族主義は次の四つの側面からなる。①家族の利益、存続、維持は成員個人より重要である「家族至上」、②家族成員間の上下関係とその上下関係に含まれる道徳倫理である「孝悌仁愛」、③家族は国の細胞とみなす「家国一体」、④祖先、血縁があるからこそ家族が統合されると考え、祖先を大事に扱う「敬祖祭先」(方1993：41)。中でも家父長制及び性別役割分業と最も密接に関係するのは②の「孝悌仁愛」である。「孝悌仁愛」には「君王は臣の綱、父親は子どもの綱、夫は妻の綱」の三綱が含まれている。「夫は妻の綱」は「父権的な、男尊女卑」のような秩序関係であり(方1993：41)、性と世代によって、権力が不均等に、役割が固定される規範と関係を示す家父長制の概念に通ずる。これらの関係は、改革開放初期の1990年代の中国の家族主義が核家族主義へ転向しつつある中でも存続していた(方1993)。

性別役割分業に関する意識と行動

意識と行動の関係は、社会学とフェミニズム研究において関心を集めてきたテーマである。

そして、フェミニズム研究においては、性別役割分業の再生産メカニズムを、家父長制の「構造」により女性が家庭と労働市場から抑圧されると説明する「物質構造決定論」もあれば、規範の内面化により女性自らが家事・育児などのようなケア労働を選択するという「主体選択論」者もいる（山根2010＝2011）。ここでは、まず性別役割分業の意識面（ジェンダー意識）に影響を与えるジェンダー規範の概念について述べ、次に規範と行動の関係性について説明する。これらの説明により、分析で意識と行動、社会資源を取り上げるという本研究における視点を提示することが可能である。

ジェンダー[4]規範は「男性と女性がどのようにあるべきで、どう行動し、どのような外見をすべきか」という考えである（UN Women日本事務所 2018）。また、規範（ノーム）と

4　ジェンダーとは生物学的な男女の違いを意味する「性」に対する概念で、社会的・文化的に形成され、パーソナリティ、外見、ふるまい、行動、役割などにおける男女別の特徴であり（鈴木2006、濱島1977＝2002）、「社会的に構築され、社会化の過程において学習されるもの」である（UN Women日本事務所 2018）。一方、この一般的なジェンダーの説明に対し、江原（2013：565）は、ジェンダーは「たんに『生物学的性別』とは異なる『社会的・文化的性別』を、含意する」ことではなく、「『生物学的性別』という性別観を利用することで正当化された社会における女性の位置づけ（主流社会科学における女性の位置づけも含む）を批判的考察する視点、を意味する」（江原2013：565）と述べ、ジェンダー概念における女性の社会的位置づけに対する、批判的な側面を強調する。

は、「ある特定の時代の一点における、ある特定の社会やコミュニティが容認しているジェンダーの属性や特徴のことである。ある特定の社会や文化やコミュニティを規定している範囲内で、ジェンダー・アイデンティティーが一般的に従う基準や社会的な期待でもある。ジェンダー規範は人生の中で内面化され、ジェンダーの社会化及びステレオタイプ化のライフサイクルを定着させる」と解釈されている（UN Women 日本事務所 2018）。ジェンダー規範は変動的であり、ある特殊な歴史的背景をもとに生み出されたものであり、「夫は外、妻は内」とのジェンダー規範は「伝統的」なものというよりも、むしろ「近代的」な役割分業である（落合1994＝2013）。また、近代家族においては男女の役割は比較的安定したものであったが、現代社会の労働形態の多様化や産業の質の変化に伴い、「近代的」なジェンダー規範の枠がゆらぎはじめている（伊藤2015）。

保守的なジェンダー規範[5]が強固とも言われた日本では、近年において共働き世代が主流になりつつある。しかし、女性の労働市場への参画は家庭内の家事・育児役割の変化と連動して

5　本研究では家父長制に基づいた性別役割分業を維持する規範を保守的とし、そこから脱出しようとするものをリベラル的とする。

おらず、男性の家事・育児への参加は依然として少ない（斎藤２０１５）。また、ジェンダー意識と実際の役割分担の遂行には乖離があり、たとえリベラルなジェンダー意識を持っていても、実践にはつながらない状況が存在する（滑田ら２０１３）。つまり、個々人、社会にリベラルなジェンダー意識が存在しているとしても、実践に反映されない場合があり、構造としてのジェンダー規範に大きな変動を起こすことはすぐにはできにくく、女性が依然として家事・育児の主役である状況が続く。

この実態は前述した「物質構造決定論」と「主体選択論」により説明可能であるが、価値観の多様性や女性間の格差の再問題化に従って、性別役割分業の再生産メカニズムの解釈における有用性が疑われるようになっている（山根２０１０＝２０１１）。山根は Butler（1990＝1995）が展開したジェンダー概念の転換を踏まえ、構造論と主体論の二元論を超える理論の構築を試みた。そこで、まず、Butler のエージェンシーアプローチにおける主体を言説実践に産出されたものであると理解し、「言説の反復、引用を通して社会を変動させる実践はエージェンシーである」という Butler のエージェンシー概念を説明した。次に、エージェンシーについて、「構造に対する解釈にもとづいた能動的実践」と行為者の批判力や反省力を強調した新たな定義を示した（山根２０１０＝２０１１：３１）。さらに、「構造に対する解釈に基づいた能動的実践」への考察は「行為者の意味づけに照準し、行為者が構造をどのように認識し、どのように状況を変えようとしているのか」（山根２０１０＝２０１１：２９）の把握を通して可能になると提示された。このような視点によってエージェンシーとなる行為者の「能動的実践」を考察できると同時に、行為者の構造に対する意味づけからジェンダー規範の変化も観測できると考えられる。

山根（２０１０＝２０１１）の視点を援用しながら、本研究では、80後の仕事と家事・育児の調整における「意味づけ、葛藤、正当化」の過程について分析を行う。仕事と家事・育児の意味づけの考察を通して、構造としてのジェンダー規範に対する行為者の解釈（ジェンダー意識）の確認を行うことができる。また、葛藤、正当化への注目は、80後が状況をいかに変えよう（維持しよう）としているのかの様相を確認することにつながる。さらに、役割調整をする際に用いる社会資源も同時に分析することで、物質的基盤の確認ができる。以上のように80後の役割調整プロセスを考察することを通して、中国のジェンダー規範の観測を行うことができると考えられる。

山根（２０１０＝２０１１）はジェンダー規範を再生産、変動させるエージェンシーである女性の実践を以下のように説明する。女性の実践は、物質的基盤である資源と意識である言説の双方に関連づけしなければならない（山根２０１０＝２０１１）。女性が「女性らしさ」の言説に従って家事・育児に専念する背景には、労働市場の男女賃金格差が影響している。そして、労働市場の男女格差があるために、家計を支える男性を見つけ、専業主婦になることが、女性にとって物質的及び言説的に有利な選択となる。その上で、家族のケアニーズを満たす資源の有無も女性の就業に影響し、女性が「世帯単位で利益を考慮する」ことが、性別役割分業の遂行につながる。このように、資源と言説のなかで、女性がエージェンシーとなり、性別役割分業を再生産している。その一方で、女性が常に性別役割分業の維持を望んでいるとは限らず、女性が性別役割分業の遂行についての批判・葛藤すること、経済資源を獲得すること、男性がケアする言説が広まることが、性別役割分業を変化させるきっかけになりうる（山根２０１０＝２０１１）。

中国の社会主義体制と家父長制の関係で述べたように、中国には社会主義化（30年ほど）と改革開放による市場経済導入（40年ほど）の歴史があり、社会主義化時代から脱性別役割分業の言説が提唱されてきた一方、市場経済導入後に性別役割分業の言説が浮上したため、保守、リベラルの両方の言説が存在しうる。家族主義の「伝統」をもち、共働き社会であるため、女性が経済資源や親の手を借りるなどのケアニーズを満たす人的資源を獲得している。本研究では、80後の経済資源の獲得と社会資源の利用、及び家事・育児役割遂行についての意味づけと批判や葛藤の有無を確認し、物質的基盤である資源と意識の現れである言説の両者を関連づけながら、80後の仕事と家事・育児が保守的な（性別役割分業を再生産する）またはリベラルな（性別役割分業を変動させる）役割分業に至るまでのプロセスに注目する。

80後の仕事と家事・育児の現在を確認した上で、役割遂行における意味づけ、葛藤、正当化の過程および社会資源の利用の詳細を検討することによって、80後がどのように資源を確保し、どのようなジェンダー規範を持ち、さらにどのようにジェンダー規範の再生産・変動させる実践を行っているのかを考察することにより、現代の中国の家父長制（ジェンダー規範）の様相を理解することができ、前述した瀬地山（1990、2017）が提示した仮説の検討にもつなげることができる。

家族変動とジェンダー

家族変動とジェンダーの関係について江原（2013）は、人々の家族における社会的実践は家族変動と連動するが、社会的実践に影響を与える要因としては、「ハビトゥスの水準における変化」と、「家族以外の社会的構造・制度的変動要因」の双方を検討する必要があると主張し、また、日本社会の若者の「自分の身体や生き方や人生に対するセルフコントロール感」が強化されている中、若者の性別役割分業志向の現象を「近代家族」の復活と結論づけるのは尚早であると指摘した（江原2013：566－567）。その理由として、性別役割分業意識の変化をジェンダー秩序論からみると、単に行動を保守的、リベラル的と分けるのではなく、行為者が「自分自身を活動の主体とみなすかどうか」の確認が重要であるため、前述した近代家族の復活という見方は行為者の能動性を看過し、その判断も軽率であるということが挙げられている（江原2013：566）。このように、ジェンダー意識を確認する際に、個人と家族との位置関係の確認が必要であることが示唆されている。

本研究においては、行為者はジェンダー規範に影響されながらも能動的に仕事と家事・育児における実践を行い、家族変動は行為者のジェンダー意識及び社会構造と連動しているものであるという捉え方を基に、中国の80後家族を見ていくことにする。つまり、80後及び70後の役割遂行のプロセスを、能動的な人々の相互作用を通して意味づけして構築される現象として扱い、かれらがどのように規範を用い、意味づけし、そして、社会資源と社会構造の変化に対応しつつ、生活をマネジメントするのかという視点で本論を展開していくことにする。

第3節　研究目的と意義

研究目的：

80後の特徴と社会問題を踏まえ、本研究では、子どもを持つ80後が保守的及びリベラルな性別役割分業の価値観の間で、どのようなライフスタイルを選択するのかと、そのプロセスに注目する。具体的には、80後がどのように稼得役割と家事・育児役割の意味づけをし、遂行するのかということ、そして、遂行の際に生じる葛藤と、その正当化のプロセスを明らかにする。最後に、「親への移行」というライフイベントを経験する際における、稼得役割と家事・育児役割の遂行のプロセスに注目し、70後と比較しながら分析を行うことで、80後ライフスタイル選択過程の独自性を可視化させ、特徴を明らかにする。

研究意義：

社会主義を掲げる中国では、強固な男女平等政策がある反面、男児重視、血縁重視の規範も併存する社会である。本研究では特に、中国式マルクス主義女性解放運動の影響を受けた四代女性[6]の次の世代であり、改革開放政策の実施後に生まれ育った70後、80後の生殖家族に注目する。70後と80後の役割遂行における意味づけを考察し、家族内で役割を遂行する際に、上述した規範を個人がどのように取り扱うのかを確認していく。それによって、夫権から国家が主体となった中国国家型家父長制（李２０１６）の現状を微視的な視点から把握し、親和性が高い90後、00後世代の家族研究に示唆を与えることができると考えられる。

6 李（２０１６）は中華人民共和国が建国以来から１９８０年代半ばまで、中国の女性を四つの世代（四代女性）に区分できると指摘した。「第一代女性」は文盲や「纏足」者の比率が高く、経済的に自立できる人が少ない。「第二代女性」は教育を受ける期間が短く、政治運動の影響を受け、１９６０年代で学業や就業を中断する人が多い。「第三代女性」は教育を受ける機会があり、男女平等の意識を持つものの、文化大革命などの政治運動を経験し、受けた教育の質が低く、キャリアアップが阻害されていた。「第四代女性」は社会に進出する際に改革開放の幕を開いた時代である。就業環境は女性に不利な状況になりがちであり、保守的なジェンダー規範の台頭が見られた。

中国の近代化における家族変動についての先行研究では、親族ネットワークの描写、家族政策についての議論が多い。そこで、本研究では改革開放以降に生まれた80後の家族のライフスタイルを詳細に描くことを通して、若者の家族に見られた中国における家族変動を論じ、さらに中国の近代化による家族変動の独自のスタイルについて考察することを試みる。

第1項　リサーチクエスチョン

本研究の目的に沿って、以下の二つのリサーチクエスチョンを設定した。

リサーチクエスチョン1（第4章）：

子どもを持つ80後の女性は稼得役割、家事・育児役割についてどのような意味づけをしているのか。それらを遂行する際に葛藤が存在するか、葛藤を持つ場合は当人がどのような社会資源を用い、他者との相互作用関係のもとでいかに正当化するのかを考察する。また、80後と70後の役割遂行と役割調整のプロセスを比較し、80後のライフスタイル選択の特徴を明らかにする。

リサーチクエスチョン2（第5章）：

子どもを持つ80後の男性は稼得役割、家事・育児役割についてどのような意味づけをしているのか。それらを遂行する際に葛藤が存在するか、葛藤を持つ場合は当人がどのような社会資源を用い、他者との相互作用関係のもとでいかに正当化するのかを考察する。また、80後と70後の役割遂行と役割調整のプロセスを比較し、80後のライフスタイル選択の特徴を明らかにする。

第2項　本研究の新規性

本研究では、下記の分析視点から中国の80後および70後家族を考察することによって、新たな知見を得ることを期する。

①　世代の視点からの分析

中国建国以来の女性解放運動の推進、一人っ子政策の実施によって、女性の教育権利、就労条件は著しく改善されてきた。建国当初の文盲レベルから始まり、現在、女性大学生の比率が男性並みとなるまでに至った。中国人女性の教養レベル、歴史的経験は世代によって異なることから、中国フェミニズム研究の第一人者である李小江（２０１６）は、中国社会に文化資本、ジェンダー意識に巨大な差異をもつ四つの世代の女性が共存していると指摘する。

また、計画経済から市場経済を導入することによって、雇用体制、社会保障体制が一転し、個人の収入が増え、生活が豊かになった。経済発展のスピードが著しく、圧縮された近代とも言われる東アジアの一国である中国の家族研究では、社会に存在する全世代を一律にまとめた研究により、中国家族の多様性を確認することができた。しかし、「多様性」に深く掘り下げ、内実に迫ろうとすると、収束させることができなくなり、上述した「多様性」を変化が多い上に動的な家族の様相が交わった結果として帰結させがちである。

以上の問題を踏まえ、本研究では全世代ではなく、現在育児期である80後の核家族のみを対象とする。また、比較対象として70後も分析に取り入れつつ、近代家族の概念を参考に、改革開放、一人っ子政策の社会背景を考慮し、中国の近代化に伴う家族変動の様相、傾向を考察する。これによって、東アジアの共働き社会である中国におけるケア労働のあり方、親密性の様相をも考察できると考える。

② 家族の成員である男性と女性の相互作用

中国の男女平等運動は男性から興され、政策として全国で実行された。それにもかかわらず、ジェンダー視点における中国家族に関する研究では、女性を中心にした研究が多数であり、核家族内の男性の意識や相互作用に留意した上での議論が欠けている。本研究では、夫と妻両方の役割遂行における意味づけを把握し、本来の相互作用を受けながらの役割遂行を家族的文脈の中で論じる。

③ 集団主義提唱の社会的文脈

「男女同じ」を提唱する中国では、男女平等は社会常識となっている。実際、家事・育児役割を果たしているか否かに関わらず、家事を平等に担うことに反対する人はほとんどいない[7]。現在でも、個人は家族のため、家族は国のため、との認識を持つ人は多い。しかし、経

---

7 第二回婦女社会地位調査では、調査協力者男女の82．9％が「男性が家事の半分を担うべき」という意見に賛成する（第二期中国婦女社会地位調査課題組2001）。

済市場化が導入され、社会で生きていくためのリスクが個人に負わされることで、次第に個人の主体性に目が向けられるようになった。したがって、本研究において中国家族を考察する際には、集団主義が要求される一方、「単位」社会解体後、社会で生きていくためのリスクが個人に託されがちである社会の文脈を考慮したうえで、ジェンダーと家族を考察する。

第4節　本書の構成

本節では、本書の実証部分の構成図を図1で提示するとともに、各章の展開について紹介していく。

本書は序章と6章からなる本論で構成されている。第1章では、中国の家族変動、世代間関係、ジェンダー規範の変遷について紹介し、中国の家族変動、ジェンダー規範を議論するための歴史的文脈を整理するとともに、家族形態の現状および現代のジェンダー意識と女性の社会地位を提示する。

第2章では、まず80後と比較対象である70後の由来、中国の改革開放の社会構造の変化を紹介する。その上で、社会構造の変化を経験する80後の就業と家事・育児の問題に関する研究を

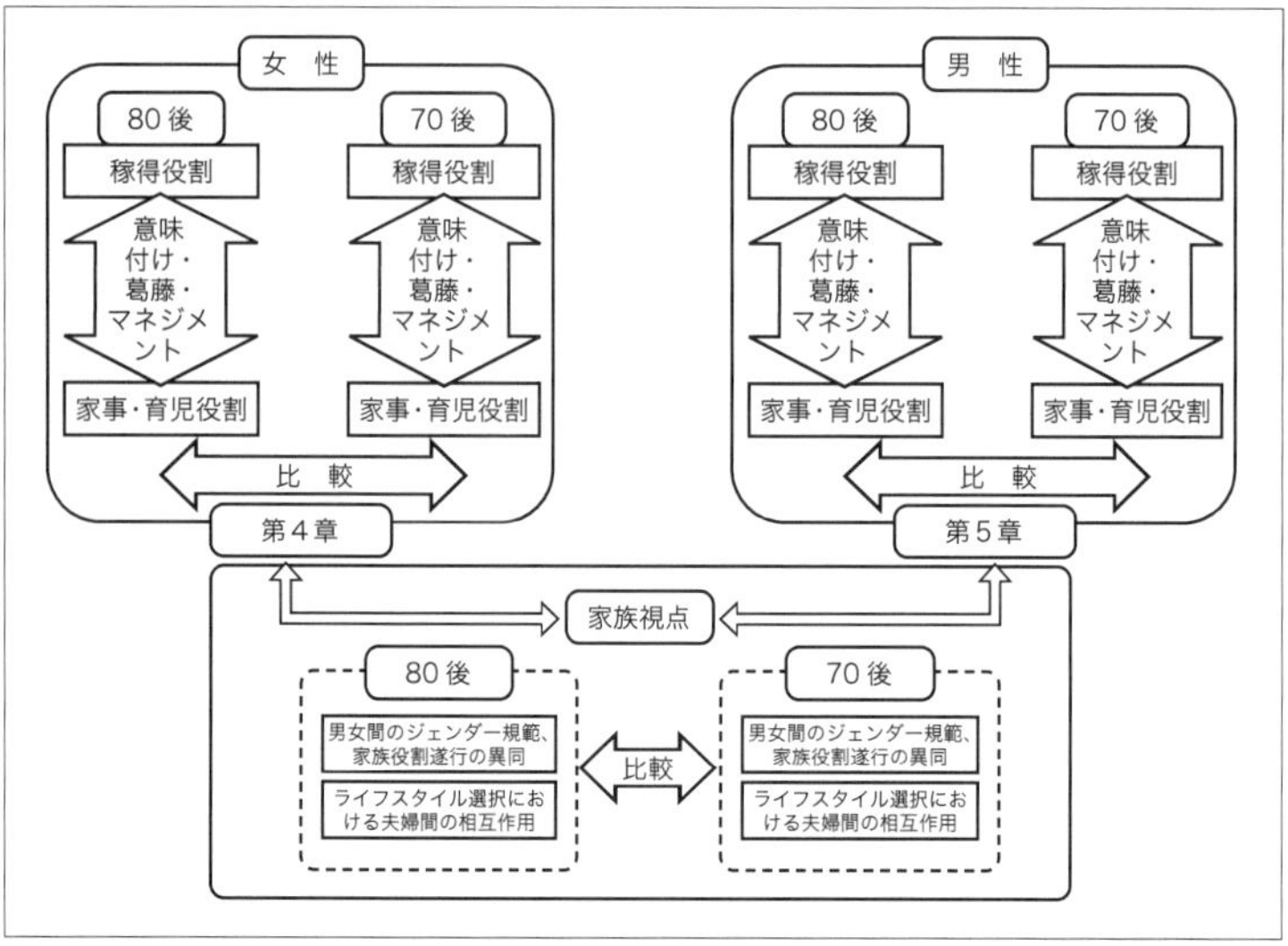

図1．実証部分の構成

中心に取り上げる。さらに、80後の家族と中国の家族変動に関する先行研究を整理しながら、本研究の位置付けを明確にする。

続く第3章では、本研究に用いるデータの収集と分析方法、倫理的配慮について述べる。第4章と第5章は実証部分となり、半構造化インタビューを通して得られた語りデータの分析結果を提示する。第4章と第5章では、80後の女性（第4章）と男性（第5章）の稼得役割、家事・育児役割の遂行に注目し、遂行する際の意味づけ、葛藤、正当化するプロセスと利用した社会資源を明らかする。また、80後男女のライフスタイルを類型化し、役割遂行に対する夫婦相互の評価の分析を行ない、夫婦間の相互作用の可視化を図る。さらに、

70後の役割遂行状況、意味づけ、葛藤、正当化のプロセスと比較し、80後のライフスタイル選択過程の特徴の解明を試みる。

最終章の第6章では、研究結果を総括的に述べた後に、本研究の問題関心に沿って80後研究、中国の家族変動、中国のジェンダー規範の変化への示唆と残された課題を提示する。

第1章　中国家族の歴史と現状

80後の仕事と家事・育児における調整を明らかにするとともに、中国のジェンダー規範と家族変動を考察するためには、中国の家族構造、家族関係、ジェンダー規範がどのように存在し、変化してきたのかについてその歴史および現在の様相を整理し、提示することが欠かせない。よって、本章では以下について述べる。第1節では、中国の家族形態と世代間関係の現状や特徴を明らかにするため、中華人民共和国建国後（1949年以降）に実施された計画経済から改革開放以降、現在に至るまでの変化を整理する。第2節では、1949年新中国以降におけるジェンダー規範の変化を明らかにするため、ジェンダー規範の根底ともいわれる家父長制の変容についてまとめる。最後の第3節では、現代中国の性別役割分業の現状を紹介する。

第1節　中国の家族形態と世代間関係：歴史と現状

第1項　中国の家族形態の変遷

中国の家族の伝統類型が複合家族であることはこれまで自明とされていた。家族の規模についての説は様々であるが、古典小説『紅楼夢』で描写した大家族より、5から8人前後が一般的な家族の規模である（李ら2016）と指摘されている。Freedman（1958, 1965 = 2000）によると、中国の複合家族は高齢の祖父母と結婚した息子、嫁及び孫である子ども4人からなり、個別のケースとしては5人や7人の子どもを持つ家族も存在した。複雑な中国家族形態を単純に「大家族」や「連合」で構成されるとまとめるのは不十分な解釈であり、父系父権制は中国社会の基本構造である（Freedman 1958, 1965 = 2000）と指摘する。さらに古代に遡ると、吉田（2012）が中国の戦国・秦・漢朝の家族規模についての議論をまとめ、一般的な家族の人数は5人前後であり家族人数は小家族であるが、家族と家族の間のつながりが強く、家族構造は大家族制であると述べている。この点については、Freedman の見解と一致する。大人数からなる家族が少ない理由の一つとして、「分家」の規範が挙げられている。「分家」とは、男性の家長が亡くなった後に、結婚した男性の子どもを中心に家族所有の財産を分け、各自が別居するというものである。この影響を受け、大きな複合家族より成員数が5人前後の小家族が主流になった（Freedman 1958, 1965 = 2000, 石原２０１３）。しかし、家族と家族の関係は、現在のようなマンションに住む核家族のような、繋がりが弱く、関係が薄い存在ではなく、小家族の間、地縁と血縁関係で父系的な家父長制、長老制による強い繋がりが存在する。文化人類学者、社会学者として、中国社会学研究を開拓した費孝通氏はこのような家族間の関係を「拡大した家庭」と特徴づけ、拡大家族的な関係であると理解する。中国の親戚間ネットワークの強さも、上述した家族の構造から読み取れる。

第2項　中国の家族形態の現状

現在の中国の都市部では、核家族化が進んでいる。近年の調査分析結果では過去典型的な存在と認識されていた複合家族の比率は0.4%しかなく、複合家族は少数派と言う以上に絶滅寸前といっても過言ではない（石原２０１３）。石原（２０１３）は全国規模で調査した日本データ（ＮＦＲＪ０３）と中国データ（ＣＦＳ０６）とを比較しながら中国家族形態の現状について述べた。そこで、中国の世帯規模は2．93人であり、日本の3．38人より小さいことがわかった。また、日本では2～4人の幅で分布していることに対し、中国は3人に集中している。5人以上の分布でも日本は中国より多い。さらに、同居している子どもの人数は日本の平均1人に対し、中国は0.7である。中国の世帯規模が小さくなったことが示された。しかし、日本も中国も直系的な近親と同居する傾向が強く、同居者は夫方の親のほうが妻方より2倍から3倍ほど多い。このことから、中国は世帯規模が変容し、経済構造も変わったが、父系的な親族構造が依然として存在し続けていると石原（2013）は指摘する。日本の研究では、少子化が進み、高齢者が自分の老後の世話や介護のため、結婚した娘の近くに引っ越す「双系化」[8]現象が80年代から90年代にかけて増加していたことが明らかにされた（落合1994＝2013）。中国でも父系的な規範が「人々に内在して彼らの日常生活を支配する一方で」、「女性の経済

8　「双系化」—「親族関係の作りかたを示す人類学の用語」である。これまでは、大別すると「名字や地位、財産の継承が、父から息子へという父系的な線に沿って行われる社会、母から娘へ、あるいは女性を中心にその兄弟からその息子へという母系的な線に沿って行われる社会の存在」の二つの認識されてきた。しかし、「父系的」、「母系的」の区別が鮮明なものではなく、「都合によって、選択的な」親族関係の作りかたが存在するため、「系譜性より、個人との関係の近さ・遠さを重視する親族関係の作りかた」が行われるのは「双系化」であると言える（落合1994＝2013：207－208）。

力が妻方との援助関係や交際を活性化する効果が」見られるようになった。（施２０１３：２１４）。

近年、中国の家族形態は多様化している。核家族化し、成人した子どもと両親の居住距離が遠くなりつつある（石２０１５）。また、両親が出稼ぎで他の都市に居住し、子どもと祖父母が同居する「隔代家族」の形態や、出稼ぎ先や職場の所在地の都市まで一時的に両親を呼び、孫の世話をしてもらうような一時的な直系家族が存在する。石（２０１５）は中国社会科学院が行った「五都市家庭調査」のデータをもとに、親と同居する家族は１２．３％のみであることを指摘し、都市部に出現した新たな家族形態――「一時的直系家族」に注目した。「一時的直系家族」は直系家族の変形であり、その特徴は一時的、道具的であるということだ。つまり、経済的、居住の需要、育児などの理由で、親と同居するが、需要がなくなると、「一時的直系家族」は核家族と高齢夫婦世帯になるということである（石２０１５）。

前述したように、中国の家族形態には世帯規模が小さくなり、親との同居率が低下し、家族形態が多様化するといった特徴が見られる。欧米の研究では、社会構造の家族への影響が大いに論じられ、特に「都市化、産業化、人口移動の頻繁化、社会保障制度の変化」といった社会背景が挙げられている（石２０１５）。同様の影響は中国の家族形態の変化においても見受けられる。しかし、確かに産業化、都市化、経済発展、グローバル化などのような社会構造の変化にも影響を受けてはいるが、中国には強い親族ネットワークが存在し（落合２００８）、西洋と異なる中国独自の文化のもとで、産業化社会を背景とする現代においても、形を変えながら存続し続けている。そして、家族変動の研究においては、中国の家族が資本主義国に見られる「近代家族」に移行するのかどうかに関心が寄せられている。

東アジアの家族関係、親族ネットワークの特徴は西洋と異なっていると一般に認識されている。特に世代間関係についての相違は大きく、費（１９８５、２０１１＝２０１３）によると、西洋文化の世代間関係がリレー式であるのに対し、中国の世代間関係はフィードバック式である。この価値観は「孝」と名付けられており、親孝行をしない人は周囲や社会から強いバッシングを受ける。よって、世代間関係の特徴である「親孝行」の社会規範が東アジアの家族研究では重視されている（石２０１５）。また、「不孝有三、无后为大」（不孝の種類は三つあるが、後継ぎを残さないことがその中でも最大のものである）という言葉が『孟子』で述べられ、現在までいくつかの解釈があるが、いずれも、結婚を親に報告すべきであるということや、子孫を育むことの重要性と親孝行との関係とが終始一貫して示されているとわかる。ここから、「孝」は世代関係のみならず、結婚や出産にも関係し、影響するため、夫婦関係とも関係していると言える。楊ら（２００９）は東アジアにある日本、中国、韓国、台湾の四地域で調査したデータを用い、東アジア家族の世代間関係について分析した。社会の産業化の度合いの順番は日本、韓国、台湾、中国の順番であったのに対し、家族の団結力の順番は韓国、台湾、中国、日本であった。四地域では、家族の機能が存続し続け、特に日常の世話、経済支持、感情安定の面では、親密な関係を維持している。楊ら（２００９）の研究結果は東アジアにある四地域において、産業化の程度に家族の変動が伴っていないことを示している。ほか、石（２０１５）の研究では、物理的な距離があっても、ＩＴ機器の発展、ネット社会の到来により、家族関係は物理的な距離を乗り越え、維持できている様子が明らかにされている。以上のことから、家族のネットワーク、団結力は時代に応じながらも存続していると言える。また、中国伝統文化に由来するものとして認識されている家族規範も産業化の力を超え、家族関係に影響を与える（楊ら２００９）。よって、中国の家族を考察するためには、家族形態や家族関係の背後にある家父長制を、精査する必要性が高いと考えられる。

第2節　1949年新中国以前とそれ以降の家父長制

中国において、家族全体の利益を優先するような家族本位（示村2006）の価値観は時代に応じて姿を変えつつあるが、中国社会には家族に個を従属させる価値観が根深く存在し続けている。これを踏まえて、中国の家父長制におけるジェンダー規範の変容を本節で述べていきたい。

第1項　1949年新中国以前

歴史から見ると、垂簾摂政の清の西太后は罪人扱いされ、清の植民地化は西太后（女性）による不適切な政治政策に影響されたものだと認識され、未だにその歴史是正はできてない（丁1998＝2001）。しかし、清の植民地化の原因が封建主義の社会制度と生産力の発展への不対応に影響を受けていたことに求められる点については大きく提起されていない（丁1998＝2001）。ここには、女性が政治に触ることが、「男性は外、女性は内」との規範に反しているため、国の運命も危ぶまれたという価値観が存在している。

中国の家父長制における儒教のジェンダー規範は、古今中国の行為規範としてよく言及されている。女性の規範として、「三綱五常」（三綱とは「君王は臣の綱、父親は子どもの綱、夫は妻の綱」という考え、五常とは「君王と臣の倫理は忠義、父子の倫理は孝、兄弟の倫理は悌、夫婦の倫理は忍、友人の倫理善」のように、倫理を仁、義、礼、智、信の五文字に集約した考え）、「三従四徳」（三従とは「家では父に従い、嫁いでは夫に従い、夫と死別後は息子に従うこと」、四徳とは「婦徳（貞操を守る徳）、婦言（言葉遣い）、婦容（容姿）、婦功（家事）」である）は、社会の男尊女卑の社会構造を表している。また、このようなジェンダー規範は意識面の影響にとどまらず、「纏足」（女性の足の第一指を抜く、幼児から足指を足裏に曲げ、布で固定すること）など男性の小さい脚が好きという嗜好に応じて身体を改造するまでに至る。

上述したジェンダー規範は女性の人権を妨げるものとして、21世紀初頭に興った新文化運動で批判され、男性の知識人らによって中国女性は独立な人格を育むべきであると提唱された。引き続き、五四運動以降では、マルクス主義の女性論が中国に紹介され、男性の思いままの社会制度を作るべきではなく、女性の団結が必要であることが認識され、女性の解放と民衆の解放という両思想が繋がる形となった（丁1998＝2001）。やがて、中国政府が成立する前の1930年代のソビエト政権時代に合意離婚・単意離婚を承認する『婚姻法』が実施された。この法律はかつて「離婚法」と呼ばれるほどであった。それまでの離婚は男性が一方的に妻を家から追い出す（休妻）権利を握っていたが、合意離婚の合法性を認めることで、女性を夫権から解放させる効果がある。一方で、当時の共産党政権は地主の土地を没収し、貧農に分配したことで、家族単位の小農経済を維持した（瀬地山1996）。これにより、生産単位としての家族の性格が継続されたため、家父長制の家族構造が依然として存続しつづけた。

また、ソビエト政権時代では、女性権利の獲得が男性の反発を招いた。丁（1998＝2001）によると、男性中心主義をもつ者が、妻は家族を優先すべきとの理由で女性の権利を無視していた。このような行為は女性団体のバッシングを受けてしまったが、男性たちも女性団体に妥協しない姿勢を取り、組織内の混乱を起こす状況に至った。この状況に応じ、毛沢東は男性の理解を促進するために、女性は独自の貢献をし、生産活動と革命に励むべきであると唱え、以降、女性運動は女性を生産活動に尽力させることを主要な目的として展開し続けた（丁1998＝2001）。

第2項　1949年新中国以降の社会主義建設初期

1949年に新中国が誕生し、女性の労働力化や社会の集団化を推進するため、一連の制度が作られた。特に1950年代（1958年～1961年）から1970年代までの時期には、女性を家事から解放する作用をもつ共同食堂の運営や、「男性ができることは女性でもできる」（男女都一样）、「女性は天の半分を担う」（女人能顶半边天）のようなスローガンが掲げられた。この時代の女性解放運動は女性を生産活動に参加させるという考えのもと行われたため、女性を家事から解放する効果があり、女性たちは仕事に力を注ぐようになった。

この時期の女性就労について、金（2006）は三つの特徴を挙げた。①1958年から展開した女性の就労を支持する政策は男女平等を図ることよりも、工業の発展による人手不足を補うことが目的である。②業種における男女差別を撤廃する政策が展開されたが、労働組織内において女性は「補助的」、「周縁的」な仕事に務める傾向にある。③女性就労は労働力を調整するための「蓄水池（調整弁）」の作用を期待されていた。つまり、女性が就労できるようになったことと、男女平等を図る社会環境になったこととには質的に異なりがある。

社会主義化の進行には、女性を伝統的な家父長制から解放する作用があったが、その一方で、世代内部の権力関係が変わったとは言えない。1950年代までの社会主義建設初期段階では、政策上の世帯単位の平等がある程度実現したが、世帯内の権力関係の解消までには至らず、旧来の家父長制は消滅することなく、世帯単位で維持されることになった（瀬地山1996）。

当時の女性の労働と結婚、家族関係のさらなる詳細に関しては、趙ら（2016）の1950年代中国の北部地域の婚姻及び家族制度の変遷についての研究がある。中国政府は『婚姻法』などの法律条例を実施し、女性の社会進出、男女の平等を提唱するが、各地に既存する家父長制の夫権規範の影響は根深く、女性の就業について地方では積極的な評価を得られず、バッシングの対象になりがちであった。例えば、姑が嫁の社会活動を制限する、妻の給料が夫に渡され、夫によって管理されるなどのケースが表れた。このような保守的なジェンダー規範が維持されているため、社会進出できた女性にとっては、解放よりも負担が重い状況に陥る一方であった。

1970年代までの中国の女性解放運動は、女性の権利、男女平等の追求というよりも、個人を国家の管理下に束ねる手段であったと、李（2016）がフェミニズムの視点から指摘している。当時は、冷戦における東西の対立などの政治運動の影響で、1970年代までの長い間、中国社会には「戦闘状態」が続いていた（李2016）。このような背景のもとで、女性の就業率が上昇した理由は女性が自ら権利や自由を追求したことではなく、経済の発展による影響でもない。それは階級闘争に女性の力が必要であったためである。階級闘争が終わり、新たな時代を迎えた際に、女性の自由は女性自身に還元されず、計画経済のもとで、「個人―単位（国営企業）―国家」の三位一体のモデルに収束し、国家管理のもとに置かれた（李2016）。中国の女性解放運動は、最初から女性解放を主旨としたものではなく、他の目的（時代によって、この目的は民族解放、階級解放、社会主義経済の発展に変化する）を実現するため女性の力を借りる必要があったから行われたものである（李2016）。このような理想目標と実践目標との乖離は中国の家族主義、家父長制の下で展開された女性解放運動の宿命的なものとして読み取れる。

第3項　改革開放以降

1980年代改革開放政策の遂行により、市場経済化が進むことで、「三保一」、「『婦女回家』論争」[9]があった（瀬地山1996）。この時期の社会背景は、1950年代（1958年～1961年）から1970年代まで提唱していた「鉄姑娘（男勝りの娘）」女性政策は過激であるとの批判を受け、それまでの女性政策が反省された時期である。そして、改革開放により労働力が市場化され、人口過剰、労働力過剰の問題が表面化し、女性の労働力の需要が低くなった時期でもある。

この時代に提言された「二保一」とは、共働きは二人とも負担が大きいため、女性は家で家事・育児をすべきという意味である（瀬地山1996）。また、「婦女回家」争論では、家事労働に対する意味づけの相違から二つの陣営が生じた。女性の就業を支持する「女性就業重視派」は、家事労働を社会労働の一部とみなさない。その一方で、女性の就業を支持しない「女性回家派」は、家事労働を社会労働の一部と評価する。「主婦が常に一定の勢力を占める資本主義社会でのフェミニズムにあっては、イタリアのダラ・コスタに代表されるような『家事労働に賃金を』

9 「婦女回家」論争—「女性の労働力化を当然と考える社会主義体制下で、働くか、専業主婦になるかに関する議論」である（瀬地山2017：31）。1988年から1989年までの雑誌『中国婦女』における「婦女回家」（女性は家庭に帰れ）論争は第一回目の論争である。これまでに合計で四回ある（1994年二回目、2001年三回目、2011年四回目）（瀬地山2017）。

といった家事労働の社会的貢献が認める主張はフェミニズムの一部として根強い勢力を持っている」（瀬地山1996：311）。この発想と異なり、社会主義の中国の場合では、女性の就労が一般的であるため、家事労働の「社会的意味」を認めることは女性の就労を抑制する主張として見なされる（瀬地山1996）。そして、男性の利益を優先する価値観が1990年代で再度出現し、女性の就業、昇進、福利厚生を図るのが難しくなった（丁1998＝2001）。現在においても家事労働≠労働の考えが根深く、改革開放以降、社会主義化時代に水面下にあった男女差別が表面化しつつある。

このように、社会構造や法律、政策の変化とともに、中国の家父長制は姿を変えつつも、根強く存在し続けていることがわかる。次節で取り上げる改革開放以降の女性と男性のジェンダー意識と社会的地位を把握し、中国のジェンダー規範が具体的にどのような様相を呈しているのかを考察する。

第3節　現代のジェンダー意識及び女性の社会地位

改革開放以降の1990年から、10年ごとの女性の社会的地位に関する調査である「中国婦女社会地位抽様調査」が行われてきた。この中国全国規模の調査は、中華婦女連合会と中国国家統計局によって実施されていた。調査ではジェンダー意識、労働、教育、家事・育児に関する項目などが含められた。以下、「第三期中国婦女社会地位調抽様主要データ報告」（第三期中国婦女社会地位調査課題組2011）に沿って、現代中国女性の教育、就業、家事・育児、ジェンダー意識に関する部分を概観していく。

第三期中国婦女社会地位調査では、全国調査と各省ごとの調査を同時に行った。全国調査では合計29698名の協力者を対象に調査した。その内訳は、女性は51．6％、男性は48．8％であり、漢民族が9割以上を占めている。教育に関しては、都市部の女性の平均教育歴は10．1年、若い年齢層は中高年より教育歴が長く、18歳から29歳までの年齢層では、男性と女性の教育歴はほぼ等しい。都市部では女性の大学（3年制大学を含む）卒業率は25．7％である。特に、「30歳以下（調査当時30歳以下、80後に当たる）の女性の平均教育年数は10．9年であり、大学（三年制大学を含む）の卒業率は30．4％であり、男性より4.5ポイント高い」（第三期中国婦女社会地位調査課題組２０１１：１１）。また、「大学の成績優秀者の内、女性は６２．４％を占め、男性より9.7ポイント高く」（第三期中国婦女社会地位調査課題組２０１１：１０）、サークル活動や学生会の参加率も男性とほぼ同じである。女性が教育を受ける機会は増加し、学校の学習や活動などにも積極的に参加していることがわかる。

教育を受けた女性は自分のキャリアへの期待も高くなり、性別役割分業から自由になるという願望も次第に増す。調査では、ジェンダー意識について、「女性は男性に劣らない」と思う割合は８３．５％であり、「男性も積極的に家事・育児役割を果たすべき」に賛成したのは８８．６％（内女性９１．２％、男性８２．０％）である。さらに、「自分が自信を持ち、独立意識を持つ」と考える女性は８６．６％であり（男性は９２．２％）、「生活では自立し、他人に依存しない」と答えたのは８８．９％（男性は９５．２％）である（第三期中国婦女社会地位調査課題組２０１１：９、１２）。

しかし、意識をそのまま行動や現実に反映できるとは限らない。教育水準やリベラルなジェンダー意識の獲得は現実の就業率、収入、家事・育児参加と必ずしも正の相関関係となりえない。就業率について、18歳から64歳の都市部の女性の就業率は６０．８％であり、男性は８０．５％

である。所得から見ると、18歳から64歳の女性は普通もしくは低収入である割合が高く、都市部では、59．8％を占め、男性より19．6ポイント高い。都市部の女性の平均収入は男性の67．3％である（第三期中国婦女社会地位調査課題組2011）。女性は仕事場で昇進するのに壁があり、「募集条件が男性のみか、能力相当なら男性優先採用」、「能力相当の男性と女性の内、男性は女性より早く昇進できる」の傾向が見られた（第三期中国婦女社会地位調査課題組2011）。

家事・育児については、都市部の男性が一日に家事に費やす時間が43分であるのに対し、女性の場合は一日102分である。「特に3歳児以下の子どもを持つ家庭では、家族が子どもの世話する比率は99．9％を占め、そのうち昼間の主な世話をするのが母親である比率は63．2％である」（第三期中国婦女社会地位調査課題組2011：13）。都市部では、6歳以下の子どもを持つ母親の就業率は72．0％であり（同世代の子どもを持たない女性より10．9ポイント低い）、そのうち、「18．9％の母親は時々また常に家族のために自分のキャリアを犠牲にしている」と考える（男性より6.5ポイント高い）（第三期中国婦女社会地位調査課題組2011：13）。また、休日祝日抜きの総労働（仕事と家事・育児）時間が、女性は574分であるのに対し、男性は537分であり、女性は男性より総労働時間が長いことがわかった（第三期中国婦女社会地位調査課題組2011）。家事・育児の分担をもっと詳細に分析した楊（2006＝2009）の研究がある。楊（2006＝2009）は2000年の第二期中国婦女社会地位調査のデータの家事・育児部分を家事・育児の種類ごとに男女比較を行った。そこで、男性が最も参加しているのは「力家事」であり、約三分の一の男性が家事・育児していないことがわかった（図2）。

　このような現実を受け、ジェンダー意識が保守的になる傾向が見られた。2000

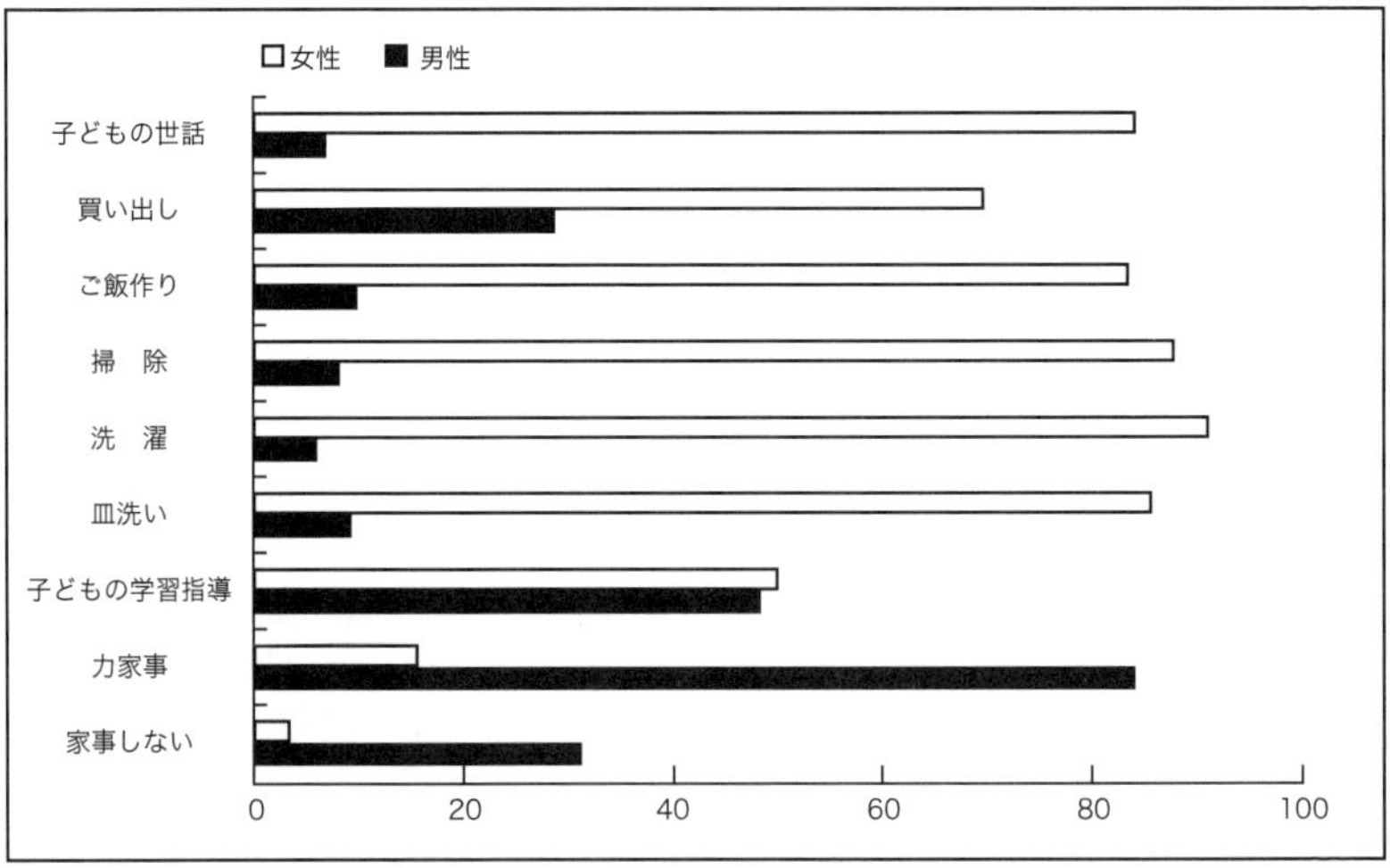

図2．性別ごとの家事・育児分担

出典：楊（2006＝2009, p.956）より筆者作成

注：単位：%、「ほかの家庭成員も家事・育児参加する可能性を考慮し、合計比率は100ではない」楊（2006＝2009, p.956）。

年のデータと比較すると、「男性は社会（経済的役割）を中心に、女性は家庭を中心にすべき」という考え方に賛成する男性と女性の比率は7.7ポイント、4.4ポイント増加し、男性の61．6％、女性の54．8％を占める。図3で示したように、「より結婚相手を探すことはよい仕事より重要である」という考え方に賛成する比率は「2000年データより男性が10．5ポイント、女性が10．7ポイント増加した」（第三期中国婦女社会地位調査課題組2011：14）。男女ともにワークライフバ

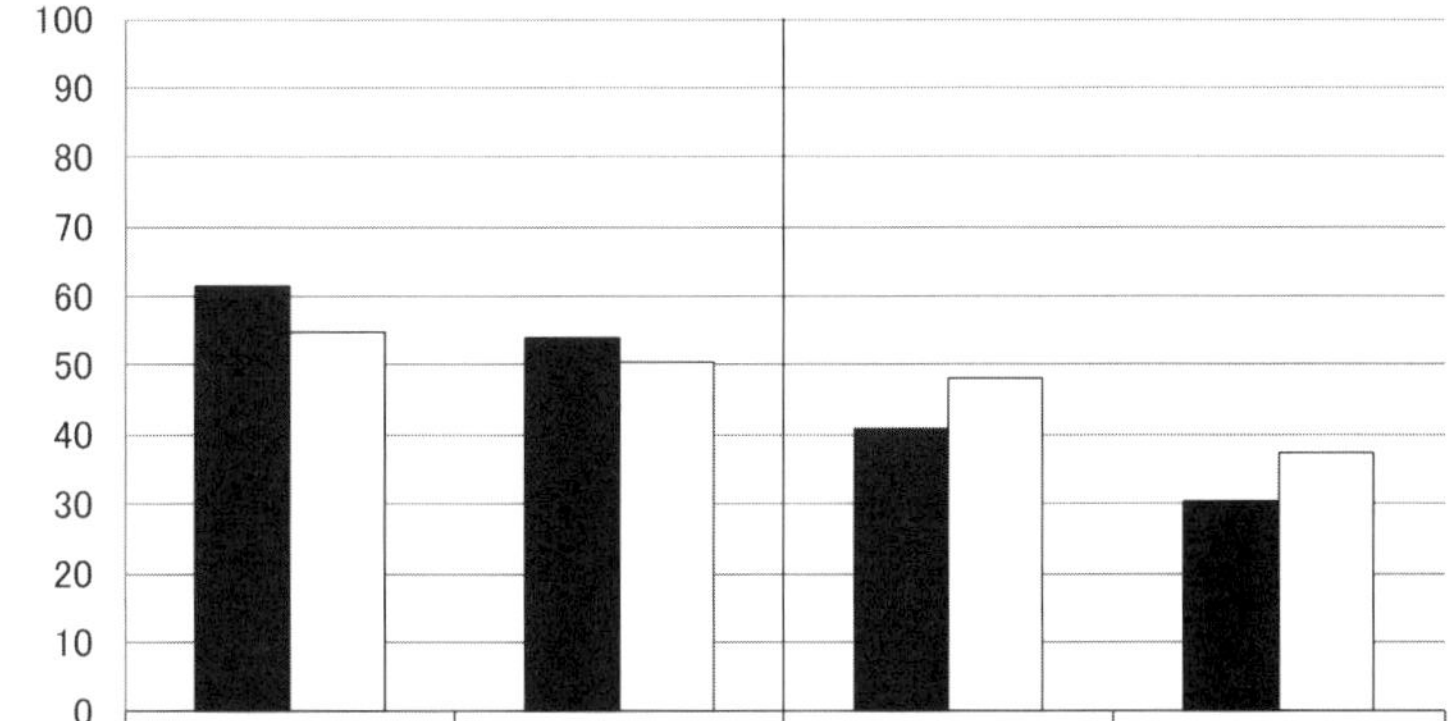

	2010	2000	2010	2000
■男性	61.6	53.9	40.7	30.2
□女性	54.8	50.4	48.0	37.3
	「男性は社会（稼得役割）を中心に、女性は家庭を中心にすべき」に賛成		「よい結婚相手を探すことはよい仕事より重要である」に賛成	

図3．男女性別役割意識の変化

出典：「第三期中国婦女社会地位調査課題組」（2011, p.14）より筆者作成

注：単位：％

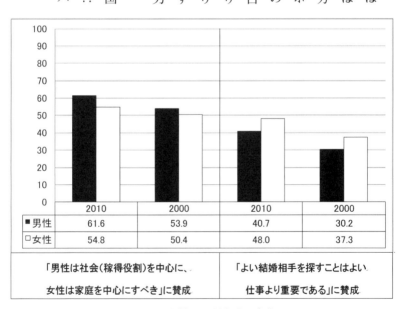

ランスに葛藤が存在し、特に女性の場合は職場の差別や仕事と家事・育児の両立に葛藤を感じていることが同報告書で明示された。

近年、中国ではジェンダー意識の保守化がさらに進んでいるとしばしば指摘される。1990年以降は、「性別に関する意識の回潮」と名づけられたジェンダー意識の保守化が見られ、特に若者の保守化が特徴的である（青柳2013）。李（2004）の比較研究においても、若者の保守化の傾向が明らかになった。李（2004）は全国規模の調査データの比較を通して、「男高女低」や「男主女従」の家族関係に賛成する傾向がみられ、特に比較的経済的に裕福な地域ほど「男尊女卑」の家父長制的なジェンダー規範に賛成することを明らかにした。ほかに、社会に進出している女性は在学中の女性より、保守的なジェンダー意識に賛成するとの結果を得た。

この保守化は偶然というより必然的な変化と思われる。第2節で述べたように、新中国建国初期に行われた女性解放運動は上から、設定された政策からの運動である。丁（1998＝2001）によると、ソビエト政権時代に生きた女性はあまり教育を受けておらず、土地を得てよりよい生活をおくる、好きな人と結婚するというところくらいまでしか考えられない。革命に参加することで自由を得て、闘争することにより成長できるということに魅了され、女性たちは革命に身を投ずる。このような考え方は今でも生きているため（丁１９９８＝２００１）、権利を奪われた男性から反発を受けた際に、「独特な貢献」をすれば社会や男性からの理解を得られると捉え、女性たちは家事・育児役割を担いながら、生産労働に没頭するようになった。

そして、計画経済が後退し、経済の市場化が推進された後、女性の就業環境は悪化しつつある。第三期中国婦女社会地位調査課題組（２０１１）の分析結果によると、女性のほうが男性より賃金が低く、収入は男性の６割ほどしかなく（都市部女性の年平均収入は男性の６７．３％であり、農村部女性の場合は５６．０％である）、昇進する機会も少ない。これは経済の市場化に伴う効率性とコストパフォーマンスを追求する結果であると考えられるが、結果として女性と男性との収入格差が拡大する一方である。

「貢献」しなければ、尊重を得られないという歴史的経験を持つ女性は、近年において、女性の総労働時間が男性より長く、余暇時間が男性より低く（第三期中国婦女社会地位調査課題組２０１１）、稼得、家事・育児の「二重役割」を担っている。その上、中国の法律の制定においても女性を保護が必要な弱者の立場に置きがちであり、男性が強者、女性が弱者という勢力関係の維持に加担している（何２００５）。

そして最近では、三歳児神話がメディアに登場し、「父爱如山」（本来では父親の愛は山ほどあるとの意味で使うが、育児における父親不在の現象を描くため、父親は山になって動かないと解釈した）、「丧偶式育儿」（父親がすでに亡くなっているかのように、家庭内の育児のほとんどを母親が担っている育児モデル）、「诈尸式育儿」（父親の育児参加が欠如しているにもかかわらず、母親の育児方法にあれこれとあら捜しするような育児モデル）という言葉どおり、父親の育児参加の不足を批判し、母親中心の育児分担を指す言葉が次々作られた。また、現在の中国の都市部では、就学年齢以上の子どもを持つ家庭において、生活面だけではなく、勉強の指導などの主な担い手も母親になりがちである。その結果、多くの女性は、仕事をしながらも、家事・育児の主な担い手となっている。このような家事・育児分担の状況において、中国人の家庭生活満足度はどうなっているのかを村田ら（２０１５）の研究からうかがえる。村田ら（２０１５）は50か国と地域が参加する国際比較調査グループＩＳＳＰ（International Social Survey Programme）の調査２０１２年分のデータを用い、家事分担と生活満足度を主眼に分析を行った。比較を通して、男性の場合は最低位であり、女性の場合はワースト3位であり、中国の結婚生活の満足度が下位であることがわかった。

中国の男女平等に関する長年の政策上の整備と実行の成果ともいえ、女性より少ないながらも、男性の家事参加はある程度行われている。家事参加の程度は様々であるが、中国では確かに男性が家事に「参加」しており（丁1998＝2001）、日本や韓国と比べ、中国男性の家事参加は積極的である（白水2006）。しかしその一方で、家事・育児役割の主な担い手は女性であることには変わりがなく（白水2006）、30年間の中国性別研究をまとめて考察した佟（2008）は、現在の男性は男尊女卑のジェンダー意識を手放さないまま、稼得役割、家事・育児役割の両方とも女性に担ってもらいたいという傾向になりつつあると主張する。

このように、労働単位としての家族の時代から、計画経済を経験し、市場経済を導入した現在に至っても、家父長制のジェンダー規範は家族の単位で存在し続けており、この状況はしばらく続くように見える。

第2章　先行研究：80後の現在と本研究の位置づけ

第1節　80後の由来

第1項　80後の定義

80後は本来1980年以降に生まれた作家を指す通称であった。その後、インターネットを通して流行語となり、60後、70後、90後、00後などの名称が使われるようになった。やがて、このような「後」の使い方は一般用語として定着した（趙2007、張ら2009）。

Mannheim（1976：174）は「同一の『出生年次』に属することによって、諸個人は社会的生起の歴史的流れの中で類似した状態を与えられている」と指摘する。また、同じ世代にいる状態を、世代「に所属する諸個人に、社会的・歴史的生活空間における特定の状態を与える結果、彼らの経験の可能性を一定範囲内に限定するということであり、同時に、それによって特定の経験および思考様式、歴史的過程との特定の結びつきの型を定めることである」（Mannheim1976：175）と説明している。

「後」の定義は「あと」の意味だけではない。「後には自然属性（年齢）と社会属性（同じ歴史的、社会的体験）の二つの属性が含まれ、世代の意味と一致」する（鐘２０１０：２２）。

80後の定義にはいくつかの説に分かれるが、鐘（２０１０：２２）は「①１９７０年代末期から１９８０年代前半に生まれた人、②１９８０年から１９８９年に生まれた人、③社会背景を考慮し、１９７８年から１９８９年生まれの「第四代」「改革開放の一代」の人、④１９８０年以降に生まれた作家の通称」とまとめている。さらに、用語としての普遍化によって、80後を「85前」と「85後」とさらに細分化する使い方も見られるようになっている。本研究では、一人っ子政策、改革開放の社会背景を考慮しながら、80後の生活を分析するため、定義の③を採用する。

第2項　比較対象としての70後

本研究では80後の特徴を引き出すため、70後と比較する。70後を比較対象とする理由は次の二つである。第一に、70後は計画経済政策が撤退し、改革開放政策が実施された初期の世代であり、進学、就業、結婚、出産のいずれかの段階で計画経済期特有の政策を経験した。例えば、70後の大学卒業後の就職は、国から個人へ配分する計画経済期特有の社会資源の分配形式にしたがい、学校から直接国営企業へ派遣する形で行われた。また、計画経済から市場経済へ移行するなど社会構造や経済政策の転換があり、かつ近代化の過程が資本主義社会と比べ急速であるため、中国では10年ごとに世代効果が見られ（張２０００）、張（２０００）はこのような10年ごとの世代効果を中国に特徴的なものと指摘し、「年代効果」と名付ける。したがって、計画経済期の収束期を経験する70後と改革開放政策の進行期を経験する80後の比較をすることで、「圧縮された近代」Chang（２０１３）の東アジア諸国の一員である中国において、比較的短い期間の中で家族にどのような変化が起こったのかを明らかにできる。80後の定義を参考に、本研究では70後の出生年を１９６８年から１９７７年までと設定する。

第3項　国・家族・個人の関係の変化

本項では、中国の社会構造がどのような歴史的経緯を経て現在に至ったかに注目し、計画経済期と改革開放が進んだ現在の社会背景の違いに触れながら、80後が生きる社会背景を述べていく。

中国建国初期における国と社会の関係について、菱田（２０００）は以下のように指摘した。

中国は1949年に建国後から「党の国家化」による「党＝国家体制」を取り、政党と社会の関係において、社会の自律的な勢力が政党に抑えられ、政党の「社会への政治的征服」状態に至った。同じく中国の研究においても、中国社会は改革開放直前の20世紀70年代末までは「政治的な社会」であり、建国直後から改革開放政策が実施されるまでは「党＝国家」であったと指摘している（王2005）。

計画経済時代の「党＝国家体制」の下では、国（党）、社会、個人は密接に関係していた。菱田（2000）によると、労働者の日常生活においては、各自が所属する企業から多面的な補助を受け、集団援助がないと日常生活が成り立たないほど個人の集団への依存度が高く、家族などの一次集団も組織に包摂され、集団組織は個人の「唯一の帰属集団」となった。国営企業には、仕事の場だけではなく、宿舎、食堂、学校、病院、映画館などの付属施設が設置されていたので、次第に、企業は職場だけではなく、共同生活の場所となった。このようなシステムでは国営企業集団に所属意識と愛着が生じるものの、地域性と自律性のような地域社会の性質は見出せず、国営企業の生活集団は国家管理の下でのユニットとなり、「単位」社会と称されていた（陳2000）。また、所属企業内部には「党委会」、「書記」など党の組織が設置されていた。「単位」（工場、役所、学校などの組織）に所属する人たちは職場の組織に管理され、個人の生活様式も精神面も「単位」のもとでまとめられ、一律的であった（李１９９８＝２００１）。集団から生活に必要な資源が分配されることで、「大鍋ご飯」の時代と名付けられた。国、社会、個人の関係について、菱田ら（２００５：１６）を参考に下記の図４で提示する。

やがて、「大鍋ご飯」の時代は改革開放プログラムの実施によって、存続が不可能になった。国から「単位」、「単位」から個人の社会資源分配システムが揺らぎ始め、市場メカニズムによる資源の分配が市場経

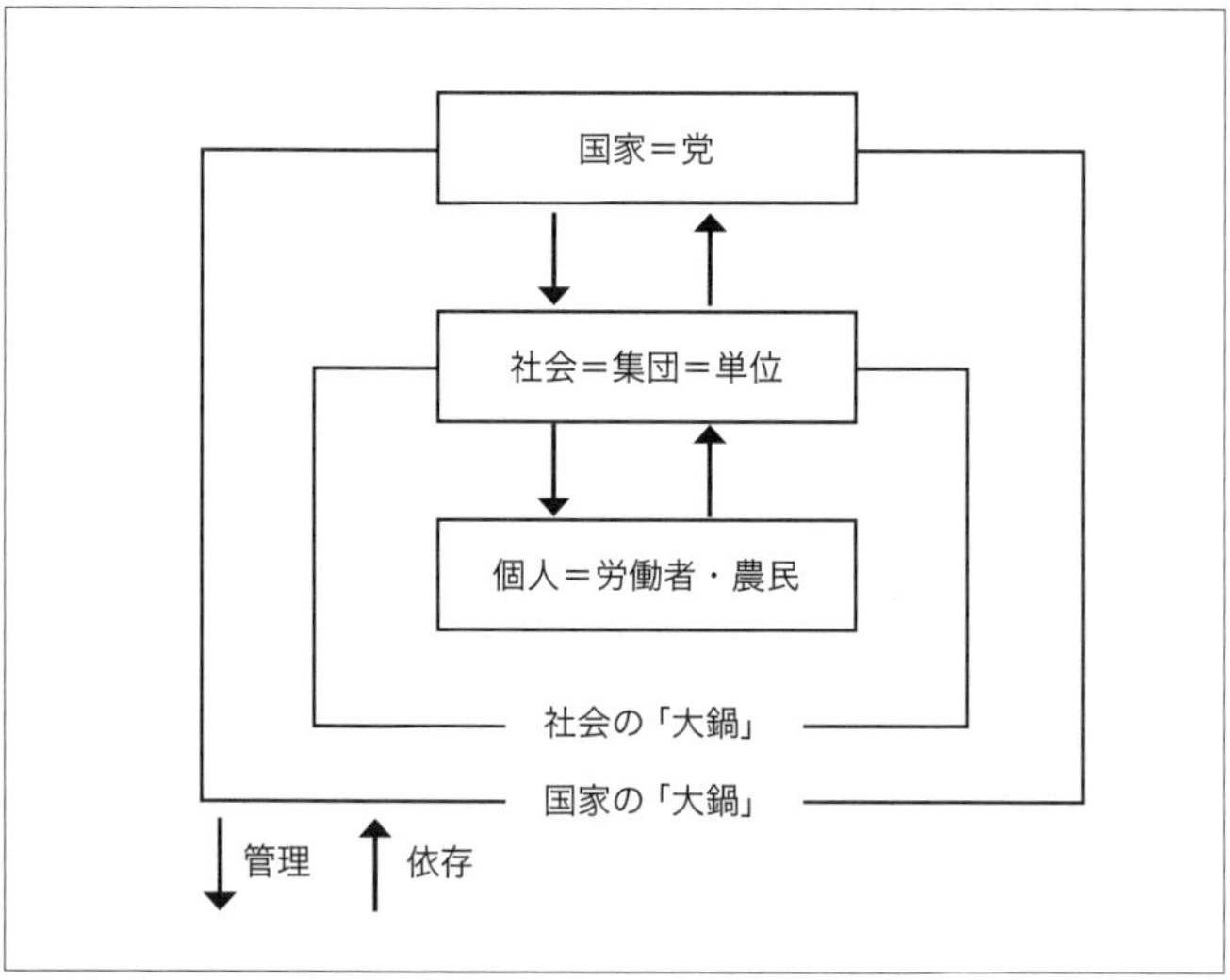

図４．依存構造：国家、集団、個人の関係

出典：菱田雅晴・園田茂人（2005, p.16）より筆者作成

済制度の導入により広がった。国営企業中心の企業形態が多様になり、外資系企業や私営企業の規模が拡大した。国営企業の揺らぎは、従業員の仕事から生活に至るまで大きな変化をもたらした。陳（2000）によると、福利厚生施設については、教育、レジャー施設が市場化し、営利施設となった。分配されるものであった住宅は商品化され、同じ企業で働く同僚以外の人が隣人となり、「単位」への帰属意識も弱くなった。計画経済期の福利厚生制度に基づいた「単位」社会は次第に崩壊し始めた。1997年に国営企業の経営不振により起こった、従業員の「下崗潮[10]」現象は「単位」社会が完全解体をし始めたことの象徴となった（陳2000）。しかし国営企業の市場化により、「単位」社会は普遍的存在から少数派になったが、瞬時に消えるわけではない。市場化されつつあるが、大型国営企業に一部残存する「単位」機能が現在でも稼働している。少なくとも、1997年の「下崗潮」が起こるまでは、計画経済の基盤である国営企業は健在であり、「単位」社会の機能が失われていなかったと考えられる。明確な境界線はないが、中国では、改革開放プログラムの実施された直後から1990年代の半ばまでの間をこの時期を改革開放初期とも呼んでいる。国営企業の詳しい現状の考察は本論から離れ

10　「下崗潮」：中国語表記—下岗潮。大規模なレイオフを指す言葉である。

るため、ここではこれ以上言及しないが、都市部における国営企業と非国営企業の就業者の推移を図5で示している。

国営企業の就業者が減少する一方であるのに対し、非国営部門の就業者は年々増加しているという趨勢が見て取れる。そして、国営組織を中心に展開する福利厚生は「単位」社会の解体とともに維持できなくなった。地域社会の自律性を図るため「社区建設」と名付けられたコミュニティ社会の再建制度が１９９０年代から都市部で実施されるようになった（陳２０００）。

多くの70後の育児期は、「単位」社会の終末期と改革解放が発展する初期段階にあたるた

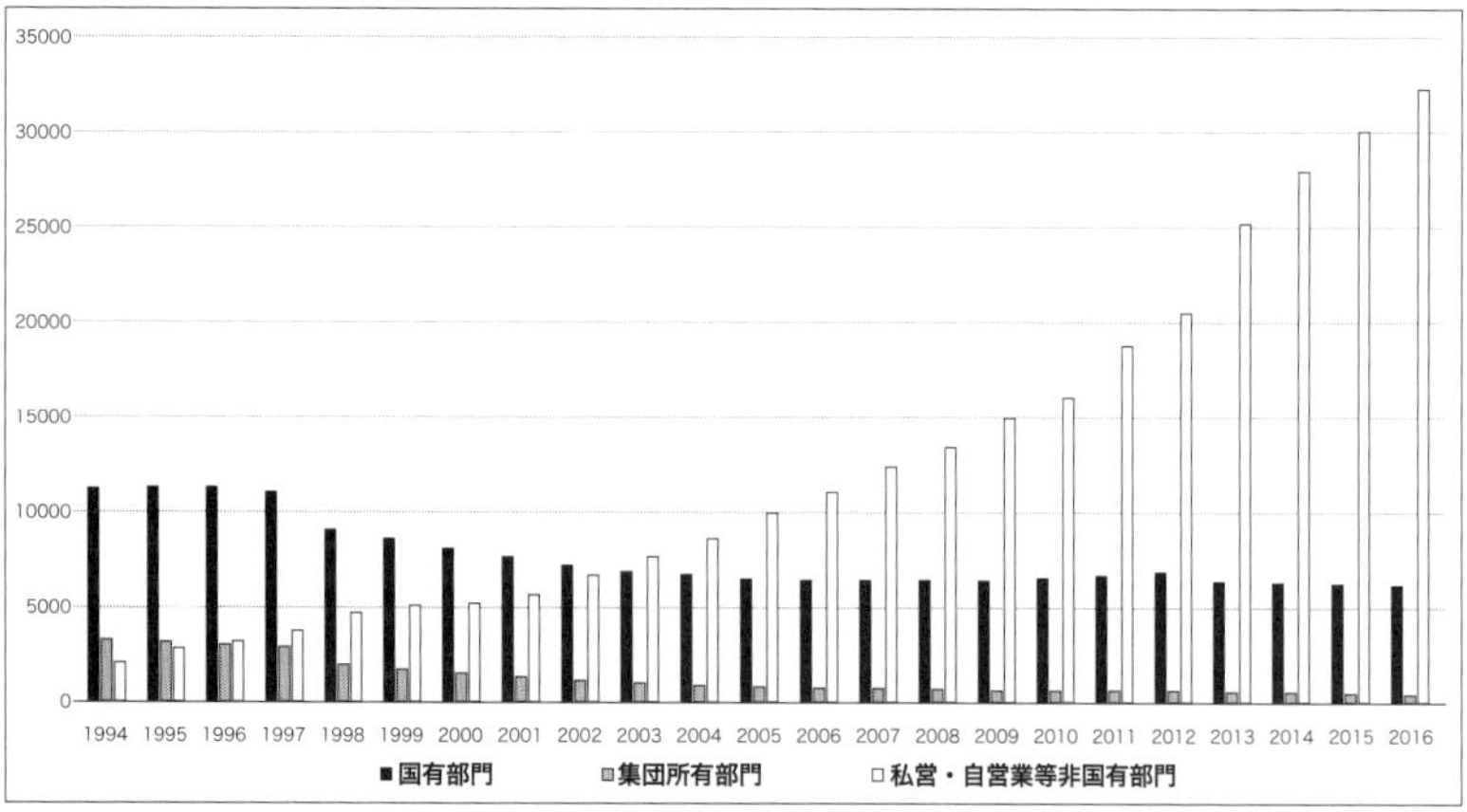

図5．中国都市部就業形態構成推移

出典：『中国統計年鑑』1999. 2000. 2001. 2002. 2005. 2006. 2007. 2008. 2009. 2010. 2012. 2017

国家統計局　http://www.stats.gov.cn/ より筆者作成

め、「単位」社会の福利厚生をある程度利用できた。しかし、1999年の第十五回中央委員会第四回全体会議で『中国中央关于国有企业改革和发展若干重大问题的决定』の路線方針が発表され、国営企業の社会機能の剥離が俎上に乗せられ、企業付属の学校や病院からはじめ、福利厚生の機構の市場化が展開されるようになった（鄭1999）。80後はこのような「単位」社会が幼少期の記憶にあるものの、国営企業に所属しない限り、家事・育児に関する「単位」社会の福利厚生を受ける機会はほぼない。

80後の親世代（主に50後、60後世代である）は「上山下郷」（1950年代中期から70年代末期まで中学生、高校生大学生などの知識青年が農村や牧場で居住し、労働すること）や「下崗」（レイオフ）で自分のキャリアや生活に対する希望が叶わない分、強い挫折感を持つこととなった。そのため、子世代の80年代生まれの子どもへの期待が非常に強く（黄ら2009）、子どもへの教育には熱心であった。また、一人っ子政策の下、都市部では従来の男児中心の価値観を抑え、子どもの性別を問わず教育に力を注ぐようになった。したがって、一人っ子政策は間接的であるが、女性の教育率の増加に繋がった。

中国改革開放による市場化で生活の基盤、社会構造が大きく変化しただけではなく、80後は中国の改革開放によるグローバル化、冷戦終結後の資本主義世界の文化の受け入れが交差する巨大な社会変化を背景として生まれ育った。70後と比べ、80後が生まれた時代は社会主義から市場経済への転換により、教育、就職など生活基盤のシステムの変動期との重なりが大きい。経済の市場化にともない、就職は前述した「分配」(大学卒業生が自分で仕事を探さず、学校から仕事を配分してもらう制度。1996年に廃止)から自ら履歴書を作り、就職活動を行う形に変化した。採用先が高学歴を好むため、学歴が就職活動において重要になった結果、中国は学歴インフレ社会になった。家族意識の変化もあり、1960年代や1970年代にタブーとされた「同棲」、「婚前性行為」は80後にとって個人の選択として認識しうるものとなり、「小三」(愛人)は問題として認識されながらも、開放式夫婦関係(婚姻関係をもつ男女は結婚相手以外と人との恋愛が自由であること)についてインターネット上で肯定意見がみられるほど、価値観が以前の世代よりさらに多様化している。

第2節　80後の就業と家事・育児

本節では、まず80後男女における就業環境を第1項で述べてから、80後の仕事と家事・育児の関係について第2項で検討する。

第1項　80後の就業環境

まず、改革開放プログラムの実施により、市場経済システムが導入され、男女の就業における格差が賃金、昇進、就業の継続年数の三つの側面から見られた。男女間の賃金格差については、都市部女性の平均収入は男性の収入の67．3％であり（第三期中国婦女社会地位調査課題組2011）、昇進機会が男性より女性のほうが少なく、定年年齢も男性より低く設定されている（男性60歳、女性50歳）。また、都市部における女性の就業率は下がる一方である。第二期中国婦女社会地位調査課題組（2001）と第三期中国婦女社会地位調査課題組（2011）が発表した報告書の数値をまとめると、1990年には、都市部の労働人口（16歳～54歳）における女性の就業率は約76％であった。この数値は2000年に63％前後に減少し、2011年には60％前後まで低下した。経済の市場化に連れ、女性の就業が低下しつつあることがわかる。

楊（２０１４）は第三期中国婦女社会地位調査のデータに基づき、80後の男性と女性の就職率と大学卒業率について分析した。その結果、都市部の大学卒業率（男性は４９．３６％、女性は５２．２３％）は男性に比べ女性のほうが高いにもかかわらず、80後の場合では女性のほうの就職率が男性より低い状況にある。

中国女性の就労率がなぜ下落したのかという理由について、中国では先行研究が蓄積されている。主に、市場経済において、企業が女性の生産性を男性より低く評価し、家庭の事情（育児や介護）のために休みを取り、出産する際に福祉厚生にコストがかかり企業の負担になるため、企業は女性より男性を採用する傾向となったと指摘されている（趙２００３、潘２００９、周２０１３）。つまり、就労と家事・育児は密接に関連し、互いに影響し合っていることがわかった。よって、ここから改革開放後に中国における家事・育児と仕事の関係の先行研究をみていく。

第2項　80後の仕事と家事・育児の関係

先行研究では改革開放以降の女性の労働市場の進出問題、とりわけ継続就業できない理由について六つの側面から言及されている。①産業構造変動、②法律不備、③労働市場男女差別、④教育水準、⑤ジェンダー意識の「保守化」、⑥家族の収入、が女性の就業に影響している。詳述すると、計画経済から市場経済への産業構造変動は改革開放政策を通して行われているが、それに伴う社会保障の改革が完備せず、結果、労働市場において女性に対する偏見が強くなった（孟2002、王2013）。また、教育水準が低くなると就業継続が難しくなり、さらに、保守的なジェンダー規範も女性の継続就業にマイナスの影響をもたらす（孟2002、王2013）。他に、家族の収入が高いほど、女性が就業に消極的になる傾向がある（呉2010）。女性の就労における中国と日本の比較研究では、中国の先行研究で言及された教育水準要因以外に、中国女性は年齢が高く、子どもを持ち、子どもの人数が多いほど、継続的な就業が困難になる（堀ら2011）と指摘された。上述した先行研究を通して、改革開放以降における女性の仕事と家事・育児の両立の困難さが確認できた。

家族政策の設定にも問題がある。国は「家庭と家庭を支える規範を維持するために、女性に集団として特別な保護を与えようと」し、「性別役割分業の観念を基礎とする家庭を支える規範」を維持し、「女性個人を保護するのではなく、母親としての女性を保護し」、女性に母親として、社会のために子どもを産み育てる義務を果たしてもらおうとする（何2005：

185）。このように、「共働き家庭をモデルとする中国の婚姻法」では、女性の一個人としての権利よりも、むしろ「妻の座」を保護している（何2005：187）。何（2005）はジェンダーの視点で中国の法律を考察した結果、女性が労働者として社会で活躍しても、夫だけが「家族の代表者」であり、「夫が主で、妻がそれにしたがうという考えが存在し」、女性が家族で付属的な存在と位置付けられていると結論づけた。また、育児支援の視点から見ると、改革開放以前から中国社会には「家族本位」の価値観が浸透しており、夫婦における育児に援助が必要となる際に、公的福祉サービスを求めるよりも、個人のネットワーク（例えば、拡大家族の成員、近所の知人）を通して解決するのが一般的であった（程2012）。現在の中国において、育児は家族内で賄うものとして扱われ、家族内における育児サービスの政策システムが欠如し、育児サービスの提供も遅れている（程2012）。特に一人っ子政策と改革開放政策が実施されて以降の育児支援には、「家族、拡大家族、近隣住民や社区のネットワークからの育児支援、相互扶助の機能が弱ま」り、「育児コストが高くなり、若い夫婦には経済負担と育児負担を抱えている」という特徴が見られている（程2012：53）。

購入できる家事・育児サービスはあるものの、多くの問題が存在する。改革開放以降の

1980年代初期には、家事サービスの仲介会社が見られるようになった（趙ら2010）。近年では、一人っ子政策の実施や核家族化の背景の下で、家事・育児サービスの購入の需要が増えている（蘇2008）。その一方で、家事・育児サービスには数々の問題点も見られている。サービス提供者の職業訓練が不足し、管理が不徹底であり、サービスの提供は不安定であり質もまちまちである（蘇2008、王ら2016）。また、保育サービス、介護サービスはほかの家事サービスと比べてとりわけ費用が高く、よい質のサービスを求めようとすると経済負担が大きくなる（李2008）。このように、外部の家事・育児サービスの利用には障壁が存在することがわかる。

また、共働き家庭に必要と思われる育児休業や勤務時間の柔軟性を保障する立法が欠如し（韓2014）、男性の育児責任については看過し、女性だけに育児休暇を設定する内容には問題があると言える。2016年から出産休暇政策の改正が行われ、出産休暇の日数は長くなる傾向にある。しかし、修正において、女性のみの出産休暇という内容は変わらず、男性には「妻を看護するための休暇」として、7日から25日前後の休暇期間を設けているが、育児のための休暇にはならなかった（田2016）。このような出産休暇の政策は、男性を育児参加から引き離すと同時に、育児のための休暇期間が女性だけ長くなるに連れて、企業側の女性の生産性に対する評価が一層低くなる。また、子どもを持つ女性の就業環境は良いとは言い難い。具体的に、出産休暇の間に昇進が出来なくなるなど、キャリアアップの道が途絶える（宋２００５）ことや、出産から復帰後に異なる部署に配属され、賃金が下げられるなどのような問題がある（張２００６）。このような差別待遇は女性の就業を困難にし、女性に家事・育児役割を押し付けるものである。一方で、男性を家計維持の立場に追い込んでしまう。結果、就業する女性にとって、仕事と家事・育児の両立は困難になり、男女ともに、葛藤を感じてしまう。

このような仕事と家事・育児の両立困難は計画経済時代には問題視されていなかった。その理由の一つには計画経済時代および改革開放初期の夫婦に、家事・育児は女性の役割であると認識し、それを平等に分担すべきとの意識が薄いことがある（Zuo&Bian 2001）。また、改革開放以前の世代の男性のほうが改革開放以降の世代より家事にかける時間は長かった（Zhang 2017）。さらに、前述したように、計画経済時代の「単位」では就業、生活のあらゆる面で従業員を下支えしていた。また、計画経済であるため、国営企業の倒産、経営悪化のリスクや福利厚生のコストは全て国家によって保障された。金（２０１３）によると、計画経済期の「単位」

社会では、幼稚園の拡充などサポート資源があったため、女性の二重役割における葛藤を軽減させることができた。国営企業の場合では、福利厚生施設利用の利便性が高く、女性が育児のための休みを取りやすい環境のもと、男性と女性の役割の協同が強調され、仕事と家事・育児のバランスを取ることに有利であったと考えられる。しかし、改革開放以降、企業の市場化とともに「単位」の福利厚生が少なくなり、女性の仕事と家事・育児の調整は困難となった。「単位」の福利厚生の後退が仕事と家事・育児の両立にもたらしている影響について、金（2013）は保育の市場化と「分配」の就業制度の終焉という視点から述べた。具体的な言及をまとめると、まず、1990年代から「単位」の福利厚生であった保育サービスが市場化されたと同時に、統一「分配」であった就業制度がなくなり、就労希望者は自ら就職活動をするようになった。さらに、効率性と生産性が強調されるようになった労働市場のもとで、計画経済の国営企業よりも競争が激しくなり、労働強度が高くなる一方で、福利厚生の提供は薄くなった（金2013）。このように、80後を含め、改革開放以降において、子どもをもつ家庭の仕事と家事・育児には負担が大きくなり、両者の調和は困難になった。

宮坂（2007）の調査によると、計画経済から改革開放への移行が始まった1980年代では、中国の育児スタイルに性別役割分業が見られず、手が空いているほうが担うというような特徴があった。その一方で、「よき母、よき妻、そして男性と同じように社会で活躍する女性」のような「超良妻賢母」の女性像が中国で提唱されたのも同じく1980年代後半からであった（白水2006：217）。特に2000年以降、「母親神話」が提起され、母親になるのが女性の天職であるといった風潮が社会に広がり、女性の育児負担と育児ストレスを一層増加させている（金2013）。

上海の中産階級の育児期の女性を対象にしたインタビュー調査では、「伝統」として認識された保守的なジェンダー規範は依然として存在し、大半の家庭において、男性の育児参加度が低く、育児の主な担い手は女性であることがわかった（陳2018）。そして、女性には「生活の中心は子ども」の子ども中心主義的な考えが見られ、一方で仕事と家事・育児のバランスを整えたい気持ちも強く存在する。しかし、社会も、家族も女性の仕事と家事・育児における葛藤の解消への対応には消極的であり、仕事と家事・育児の調和が実現しづらい状況が続く。また、科学的な育児、献身的な母親像がしばしばメディアで肯定的に提示されている。女性はその母親像を自らと対比し、自分の育児の不十分さを自己嫌悪し、育児に対する高い献身を一層厳しく自分に要求する傾向にあり、家族における役割分業は固定化する一方である（陳２０１８）。

袁ら（２０１７）は、女性の教育レベルと二重役割の関係を検証するため、中国健康栄養調査（ＣＨＮＳ）の全国調査のデータを分析した。結果、育児をしながら就業している女性は、限られた時間を仕事と余暇よりも家事・育児に配分したがる傾向にある。また、学歴が高いほど、家事・育児をする時間が長くなる傾向にあり、就業する女性は二重役割負担が大きいと指摘している。

現在では、出産休暇など、政策上でも育児を女性の役割として扱っているため、男性の育児参加は妻の手伝いと思われる傾向がある。実際、家事・育児への参加には性別による偏りがあり、男性の育児・家事参加時間は少なく、女性が多く担っている。第１章の背景で詳しい統計数値を提示したように、核家族内において食事、洗濯、掃除、育児の半分以上を担っていると答えた女性は７割以上を占めている。

徐ら（２００９）による上海都市部と農村部の初婚かつ子どもを持つ男性８７２名を対象とした量的調査では、育児参加によって、男性は仕事と家事・育児の二重役割を背負うこととなり、余暇時間が短縮されるなどのマイナスの影響が見られた一方で、育児過程の体験自体は父親アイデンティティの獲得に繋がり、個人の成長に有利な影響のほうが大きいことが明らかにされた。そのため、徐らは、男性の育児を推進すべきと指摘している。また、父親の育児参加の研究では、言及される側面が主に教育効果に集中し、子どもへの影響に注目が集まりがちで、父親本人の意識面に注目する実証研究が少ない（徐ら2009、周2006）。そもそも父親の育児参加の欠如は問題視されてない可能性さえあるため、中国における父親の家事・育児参加の内実は謎に包まれていると言っていいだろう。

以上の先行研究から、社会構造の変化に多少影響されるが、稼得役割は、計画経済期から市場経済に移り変わった後も、男女を問わず担うべき役割として認識されることに変わりはない。しかし、家事・育児役割の主な担い手が女性であることは改革開放が進行するにつれ、より強化されつつあることがわかった。実際、計画経済から市場経済への移行は女性に二つの意味の「役割矛盾[11]」をもたらした（楊1995=1998）。まず、「中国人女性が家庭で演

11　役割矛盾—楊（1995=1998）が用いた概念をここで提示する。楊（1995=1998：76）によると、「役割矛盾とは自分自身が望む役割と他人や社会が望む役割との間に大きな隔たりが生じ、その役割を演じつづけていけるだろうかという困惑や戸惑いを引き起こすことをいう。役割矛盾は、個人と他人や社会との間の矛盾であると同時に、主観的認識と実際能力との落差でもある」。

じる性別役割と社会で演じる職業役割との間の矛盾・摩擦・衝突」（楊１９９５＝１９９８：７８）であり、次に、「役割に対する女性自身の期待と、他人や社会の期待との間の落差」（楊１９９５＝１９９８：７８）である。そして、「回潮」と名付けられたジェンダー意識の保守化の社会現象が見られた（青柳２０１３）。ジェンダー意識の保守化に対し、当事者である中国の80後はどう受けとめているのか、80後自身の意味づけに着目した先行研究はあまりないが、楊（１９９５＝１９９８）らの先行研究を踏まえ、80後は性別役割分業に葛藤を持っていることが予想される。

80後の性別役割分業の葛藤については、一人っ子という属性から論じることも可能である。一人っ子政策を推進する障壁は中国の血統主義における男子重視の価値観にあった。それを転換するため、政府は「生男生女都一样，女儿也是传后人」（男児も女児も同じ、女児も血統を継げる人）のスローガンを打ち出した。丁（２０１１）は中国の人口統計をまとめ、男女人口の比率の偏りを示した。２０００年代では女性１００名に対する男性の人数は１１６．９名から１１９．４５名であり、人口の性別がアンバランスであることを指摘した。また、一人っ子政策など、生育コントロールを打ち出す前とそれ以降の比較を通して、生育規制をするほど、男児選好の傾向が高まり、男児重視の価値観が根強く存在していることが丁（2011）の研究で明らかになった。性別役割を強調するジェンダー規範は教育政策にも反映されている。姜（2009）は80後の学校教育をジェンダー視点から分析した。幼児から小学校低学年までの教育は性別による差異をできるだけ避けるような「中性教育」（男女平等教育）が続いた。中学校から高校まで進学戦争でジェンダー意識がぼやかされ、性別を問わず、学力で競争していた。しかし、大学に進学後は、成績以外に、男性らしさや女性らしさが周囲から求められ、80後には自分らしさを重視するリベラルな男女平等価値観と保守的なジェンダー規範に基づいた女性らしさ、男性らしさの二つのジェンダー規範が課されるようになった。「平等」と「伝統」の「二重規範」プレッシャー、中国の市場経済の発展による競争社会の激化、育児政策の偏りと相まって、80後は仕事と家事・育児の両立に葛藤を抱くようになった。

性別役割分業における葛藤と、仕事と家事・育児の両立が問題になった現状を80後当人がどのように受け止めているか、その詳細を明らかにすることは80後研究としても、現在の中国家族の状況を理解するためにも重要なテーマであると考える。

第3節　80後の家族―近代化における家族変動

本節では、まず80後と80後家族（80後の生殖家族を指す、以下同様）に関する先行研究の知見と限界を明らかにする。次に、先行研究を踏まえながら、80後家族の研究と中国の近代化における家族変動の研究との関係を提示する。

第1項　80後研究

本研究における80後は改革開放の社会背景で生まれた一人っ子である。そのため、改革開放の社会背景で生まれた一人っ子の研究をまず概観する。風笑天は同一世代で生まれた中国の一人っ子と非一人っ子の比較研究を継続し、改革開放の社会背景で生まれた一人っ子の特徴を明らかにしてきた。風の研究では、中国の一人っ子についての研究を概観し（風２００２）、全国規模のデータを用いて中国の一人っ子の定位家族の特徴（風１９９２）、社会化過程（風２０００、２００５）、結婚後の居住方式（風２００６）まで、改革開放の社会背景で生まれた一人っ子について様々な角度から考察を行った。

一人っ子に関する先行研究は教育領域に集中しており、これらの研究では同じような視点からのものや体験談が多く、データに基づいた実証研究や社会学的研究、成人した一人っ子の研究が不足している（風2002、2005）と指摘されている。また、風（2002）は一人っ子を自己中心的で、我慢ができない、尊大で傲慢だといった「問題児」として扱った先行研究を批判し、一人っ子は非一人っ子と比べて社会における人間関係、恋愛関係などに差異が見られず、自分で身の回りのことを整理整頓する能力が非一人っ子より低いという問題だけが存在するとの知見を示した。また、社会化の過程で非一人っ子との相違が無くなるため、メディアで問題視された一人っ子達のネガティブな特徴は偏見であり、一人っ子は問題児ではない（風2002）と述べている。

問題児とされた一人っ子が非一人っ子とあまり違っていなかった理由は二つある（風2002）。まず、一人っ子の「問題」は、改革開放政策の実施による社会の激変がもたらした「問題」である可能性が高く、一人っ子だけではなく、改革開放の背景で生まれた子どもが持つ問題だということである。次に、一人っ子と非一人っ子は社会化を経験することによって、価値観や行動様式が同じ方向に収まってしまうことである（風2000、2002）。そして一人っ子と非一人っ子が同質化される過程は、結婚の影響が大きいことを挙げた。具体的には、一人っ子は結婚を通じて、一人っ子に特有と指摘されてきた性質が弱まり、非一人っ子と同様になったのだと説明される（風２００２）。しかし、風の研究では、結婚を通して、一人っ子の特徴が薄くなることは明らかにされたものの結婚後の家庭生活でどのように特徴が変化していったのか、詳細な過程を提示していない。

また、文化人類学者のFong（2004）はグローバル化と資本主義制度の拡張を背景に、改革開放の社会背景で育てられた青少年期の中国の一人っ子を親子関係という軸から論じた。中国の一人っ子は家族の唯一の希望（only hope）とされ、家族のあらゆる資源が彼らの元へと集中し、将来エリートになることを両親に期待されている（Fong 2004）。中国の一人っ子の生活世界は第三世界の一国である中国であるが、家族の経済的資源が一人っ子に集中しがちとなるため、節約主義の両親よりも一人っ子らは消費主義的になり、第一世界の生活様式に馴染みを持つ。グローバリゼーションの文脈から言えば、一人っ子の成長の過程は「第一世界への通り道」ともいえる（Fong 2004）。言い換えると、資本主義近代の価値観は社会主義社会の中国へと浸透しており、それが特に一人っ子世代には特徴的見られるということである。

中国の80後研究結果を概観すると、初期の研究では80後は問題児として認識されており、自己中心的、わがまま、責任感が弱いことが指摘された（黄ら２００９、姜２００７）。80後の若者は、両親に大事に育てられて、家族からも全面的なサポートを受け、両親への依存度が高いことなどの特徴があげられている（胡２０１０）。また、80後生まれには、そのライフステージごとに、問題視される社会現象が生じてきた。就学時には詰め込み教育の問題、就職時には就職難、さらに職場での適応問題（黄ら２００９）、離婚率の上昇（常ら２０１３）などが挙げられる。親世代とは価値観や行動様式等で異なる点が多いため、80後特有の特徴が問題視されていた。家族主義のイデオロギーが根深い中国では、一家の唯一の血筋となった80後は、やがて祖父母や両親に重宝され「小皇帝」と名付けられた。家族に重宝されているという特徴はFong（2004）の一人っ子研究の知見と一致する。日本でも80後を題材とする文庫本（例えば、青樹明子（２００５）「『小皇帝』世代の中国」、新潮社）が刊行されるほど、中国の社会現象の一つとして認識された。

「問題児」と思われがちであった80後が結婚すると、その生殖家族も「問題家族」とされた。まず80後は結婚後にすぐ離婚することや離婚率が高いことが問題視された（常ら２０１３）。その理由として、80後が家族を持つということに対し、明確な理解がなく、家族生活に過大な期待を持つからだと武ら（２００９）は指摘する。また、80後家族は保守的な性別役割分業を維持しているが、女性の所得と社会地位が上昇し、男女平等意識を持つほど、夫婦関係は悪くなり、80後家族が不安定になる（劉ら２０１３）との知見もある。加えて、80後家族は一人っ子が多いため親に依存しがちであり、結婚後にも定位家族に頼りがちで「親食い族」となる可能性が高いとの問題を指摘し、解決策を講じるべきである（王２０１３）と唱える研究もある。これらの研究は80後家族が離婚しないようにする方法を探ることに焦点を置くものが多い。

石（２０１５）は中国社会科学院が収集した「２００８年五都市家庭構造と家庭関係」のデータとオリジナルインタビュー調査のデータを分析した結果として、80後家族は50後家族、60後家族、70後家族と比べ、最も個人化していることを指摘した。例えば、70後は伝統に従い、祝日は夫の家で祝うことが当たり前であるとの考えを持つ。これに対し、80後の一人っ子たちは、平等に双方の親を訪ねることを結婚の前提とする場合がある（石２０１５）。しかし、石（２０１５）の研究は家族ネットワークを主眼としたものであるため、80後家族の個人化を示唆しながらも、詳しい描写はなされなかった。激動の時代に育った80後は「個人化」、「伝統」、「矛盾」という独特の特徴を持つ（石２０１５）一方で、安定したライフコースに沿って人生を歩んでいる（包２０１２）。包（２０１２）によると、改革解放の背景で成長した一人っ子は、規定された時期に教育を受け、恋愛し、結婚する傾向がある。中国では婚姻問題をテーマにする研究は多いが、ほとんどの研究では当事者の現状に対する意味づけの確認が行われていない。その上、80後を研究対象とした育児に関する研究はさらに少ない。唐（２０１４）によると、中国の家族研究は国の経済と人々の生活に直結しなければ、「鸡零狗碎」（つまらない、重要性が低いこと）の内容に過ぎないと評価され、「夫婦関係」、「性関係」、「性別役割分業」、「夫婦の勢力問題」、「葛藤の対処」などは「真」の問題ではないと過小評価されてきた。

現在の育児期の80後家族に関する研究は、一人っ子研究と80後研究の延長線上にあり、それらの研究を更に発展させるものとなると考える。80後家族がどのような特徴を持つのか、中国の家族変動に関する研究で確認された点について、次節で述べていきたい。

第2項　80後家族と中国近代化における家族変動

中国の家族変動の傾向について、呉ら（２０１２）が２００６年に行った「中国総合社会調査（ＣＧＳＳ）」データを用いた分析がある。呉ら（２０１２）によると、まず、子から親への支援が大幅に減少している。また、人口の流動性の高さが、家族の構成と機能に影響を及ぼしている。家族のケア機能が弱体化したことで、家族中心の介護の維持が難しくなった。そして、家族をサポートする政策が欠如している現状の改善が望まれていると指摘された。呉ら（2012）は変動する中国の社会において、家族の機能が弱体化しつつあると主張する。この家族機能が縮小化する現象については、資本主義国の1980年代ごろに見られた家族変動の様相と類似する（唐2005）との指摘もある。

李ら（2016）は中国の家族変動の特徴を挙げている。まず、中国の家族は近代化するとともに核家族化したのではなく、近代以前の歴史上で既に、核家族、拡大家族、複合家族が併存していた。経済が発展するとともに、夫婦家族、独身家族などのような機能が縮小化した家族形態が現れ、増加していった。さらに、一人っ子政策によって三人家族の形態が主要な家族形態の一つになったのである。そのため、伝統的な家族本位の価値観が現在でも存続し続けるのだと主張し、「家族本位」の価値観は依然として重要である（李ら2016）と強調した。

その一方で、家族関係の具体的な変動様相を捉えた于（2013）の研究もある。于（2013：235）は、中国の家族には世代間の援助ネットワークが存在するため、修正拡大家族の様相があると述べている。「親族関係以外も含めた外社会との関係」は、改革開放により強化されたと指摘した。また、「子ども中心主義」が強いあまりに「家族構成員相互の強い情緒的関係」における夫婦間のベクトルが弱められたとの見解を示した。さらに、「中国建国以来女性が一貫公共領域で活躍しているため」、女性は就業し続けると主張された。

中国全国規模で展開されていた主な家族研究調査は1983年に中国社会科学院社会研究所主催した「中国五都市婚姻家庭研究」から始まり、「七都市家庭調査」（1993）、「現代中国城郷家庭研究」（1998）、「城郷家庭研究」（2007）などがある（馬ら2011）。馬ら（2011：195－211）は2008年に中国の広州、杭州、青洲、ハルビン、蘭州で4000人規模の調査を実施し、1983年「中国五都市婚姻家庭研究」、1993年「七都市家庭調査」の調査結果と比較し、現在の中国家族の特徴を下記の五つにまとめた。

①結婚のコストが高くなり、両親からの経済的援助は増したが、援助の格差が存在する。
②結婚は自由だが、両親からの支援に頼りがちである。
③女性の就業率が減る傾向（夫婦関係への影響は都市によって異なる）。
④核家族化の中でも、緊密な親族ネットワークが存在する。

⑤経済の近代化と家族の近代化（中国語では現代化と表記）に乖離がある。

①から④までは家族の具体的な様相についての描写であるが、⑤は家族の近代化についての複雑かつ多元的な変動の傾向を述べている。具体的に取り上げると、広州の場合は経済発展が進んでいるが、家族の近代化の程度が低い。ハルビンの場合は、経済発展が遅れているが、家族の近代化の程度が高い。杭州の場合は、経済発展するとともに家族の近代化も進んでいる。乖離が生じた理由について、馬ら（２０１１）は市場経済の発展よりも、それ以外の原因を探ることの重要性が高いと指摘し、地域文化による影響を強調しながら、都市文化の違いによって中国の近代化に伴う家族変動に多様性が生まれたと主張する。また、中国家族が呈した多様性は、中国の家族変動が資本主義制度の国と異なる方向に歩んでいる証拠であり、中国の伝統的な家族意識と現代の価値観とが対決した結果である（馬ら２０１１）と述べている。しかし、視点を変えると、この多様化は必然的なものとも言える。各世代の歴史的経験が異なるため、家族変動の多様性は、とりわけ計画経済期を経験する世代と改革開放、一人っ子政策世代が生きる社会構造と資源の違いから生じたものであると考えられる。ここで、現在中国の家族変動の特徴を考察するにあたり、社会構造の転換や人口政策の実施などの歴史的背景を考慮した世

代別の研究の必要性が提示されている。

日本の研究では80後の特殊性が示されている。例えば、石塚（2014）は中国では「専業主婦」の出現が確認できたとともに、それは80後世代以降の若い世代の高学歴層に集中していると指摘した。近代家族（近代家族論の概念等については次項で述べる）の指標の一つである「性別による家族役割分業」を80後から確認できたため、中国家族が近代家族化する可能性も示唆されている。

このように、近代家族論では「性別による家族役割分業」が近代家族化の指標の一つとなっているため、女性の専業主婦志向を確認することを通して、中国近代化による家族変動の様相を把握しようとする研究が展開された。女性の専業主婦志向と性別役割分業に注目し、宮坂（2007）は2000年に中国の江蘇省で1940年～1960年生まれの対象者に育児に関する質問紙調査とインタビュー調査を行ない、「中国型育児」という日本の育児と対置的な育児スタイルを見出した。その特徴としてはまず、性別役割分業が存在せず、その場のニーズに応じて育児を行うこと。また、育児休業が取りやすく、広い親族ネットワークが存在し、育児不安の存在すらなかったことがあげられている。さらに、「小学生神話」が存在し、小学生の子どもの親の子育てが重要視されていた。宮坂（２００７）の研究では対象者全員が育児休業を取得していたが、その理由は、調査対象者の大半が国営企業の従業員であり、かつ産後休暇と育児休暇の概念を混用しているためであると推察される。

宮坂ら（２０１２）はこの問題を意識し、大学生（調査当時）である１９８７年〜１９９２年生まれの中国人女性にインタビュー調査を行い、また、20代から30代の男女が書いた育児に関するインターネットサイトのブログの二つのデータを分析した。その結果、80後と90後では、就業を自己実現や社会の接点として認識し、重視していた。その一方で、専業母[12]のライフスタイルを「個人の選択」として評価し、「専業母」規範と「共働き」規範が両立する新たなライフスタイルが出現する可能性が確認された。同じように、馬ら（２０１１）の調査でも、女性が仕事を辞める最も大きなきっかけは育児であると指摘された。また、中国における「専業母」は子どもの能力開発のためという「業績主義的要素が強」く、かつ、仕事を通して自己実現するという男女平等のジェンダー規範が強固であるため、日本における「専業母」とは受容過程

12　専業母─宮坂ら（２０１２：６５）によると、専業母とは「育児期に育児に専念することを主な目的として専業主婦を選択した女性を示す概念」であり、出産後に就業をせずに自ら育児を選択する女性のライフスタイルである。

が異なり、中国型の近代家族という独自のスタイルで発展していく可能性があると主張する（宮坂ら2012）。

第4節　近代家族論の可能性と本研究の位置づけ

以上の先行研究から、近代家族論の枠組みは中国家族変動の様相を分析するために有用であると判断できる。本節では、まず、近代家族を相対的な家族モデルとする研究を紹介する。そして、アジア地域の家族変動の特徴を概観し、中国における家族変動について先行研究からの知見を提示していく。

第1項　アジアの近代家族論

近代家族の概念は西ヨーロッパとアメリカの家族歴史研究に由来する。アリエス（1960）による「子ども期」の再考や、ショーター（1975）、バダンテール（1980＝1991）による母親規範の歴史的研究を通して、古来のものとして当然視されてきた子どもへの愛情、ロマンチック・ラブによる夫婦愛、母性はある時代から強調され、構築されたものであり、普遍的なものではないことが明らかにされた。相対化されるべき家族の概念としての「近代家族」の理論化については、欧米より日本のほうが進んだ（落合2013）。その理由として、欧米の家族研究は社会的背景に沿った福祉国家研究や親密性へ注目することで、次第に「近代家族」の概念が後方に退いた（落合2013）ことが指摘されている。

日本でも近代家族を相対的な家族モデルとする研究が1980年代から発足し、近代家族論研究が展開するようになった（落合2013）。落合（1994＝2013：103）は近代家族の特徴として、以下の8点を提示した（⑧の核家族に関して、日本の場合は拡大家族形態も近代的な性格を持つためカッコに入れている」）。

①家内領域と公共領域の分離
②家族構成員相互の強い情緒的関係
③子ども中心主義
④男は公共領域・女は家内領域という性別役割分業
⑤家族の集団性の強化
⑥社交の衰退とプライバシーの成立

⑦非親族排除
⑧核家族

近代家族では、家庭内における家事・育児について母親が主に担い、子どもは愛情を注ぎ、大事に育てるべき存在である。米村（2009=2016）によると、日本では近代家族の特徴を持つ家族の出現は1910年代以降であり、その出現は身分社会の解体と産業化、都市化による近代化社会の発展と密接に関係している。また、専業主婦は中流階層から誕生し、当時過酷な賃金労働に従事せず、家族の中心である子どもを大事に養育するという新たな役割を獲得した。したがって、主婦の存在は古来の伝統ではなく、その原点は近代にあるとわかった。このように、近代家族論の視点から、日本の家族変動に対する認識が改められた。

千田（2010）は近代家族論が家族研究に提供した新たな視点をまとめた。まず、家族を「歴史化」、「相対化」し、また、「近代社会の他のシステムとの関連による分析が可能」になり、さらに、「近代社会そのものと家族の関連を問い、個人を単位とするモデルへ変更が可能」になり、そして、「構築主義的な視角によって権力他が問われるようになった」（千田2010：192）のである。

アジア地域の家族変動について、牟田（１９９４）は、近代家族は通文化的なものではなく、文化によって性質が異なるという見解の下、「日本型近代家族」を提起した。まず、国民統合単位の「家」を編成したことは、日本の家族の近代化に異なる特徴が起こる可能性を示したとする。また、武士が主君へ奉仕するような文化があり、かつ産業化教育改革などの社会構造の転換は国家主導であったため、家長である男性は国や会社のエージェントとしての性質を持ち、近代の日本の家族は落合（２０１３）の近代家族特徴にある「家内領域と公共領域の分離」に到達していない。さらに、家族内の母権の存在や、離婚率、未婚子の出生率が低いことから、日本の近代家族は独自の特徴を有していることが明らかにされた。

一方、落合恵美子は中国を含め、東アジアの国の家族変動を考察した。落合（２０１３）は出生率と女子労働率を近代家族成立の印とし近代家族概念の操作化を図った後に、近代の家族変動と社会変動の関係を把握するには、人口転換とジェンダーの概念を取り込むことが重要であると指摘し、日本、欧米、東アジアにおける家族近代化の様態を考察した。結果、欧米諸国に見られた「ほとんどの男女が結婚し、出生率が人口置換水準付近で安定した─第１の近代」は日本と欧米で継続期間が異なり、欧米は50年であったが、日本のほうはそれより30年ほど短くなった。また、日本では欧米の場合より、短い期間内で出生率が低下する「第2の近代」が起こった。日本の家族は「第1の近代」家族の特徴である主婦化や家族主義から「第2の近代」家族の特徴である「個人化」や「親密性の変容」、「脱主婦化」への移行する様相が見られた。ほかの東アジア諸国（狭義では日本、中国、韓国などの諸国であり、広義では以上の狭義東アジアと東南アジア諸国を含む）の近代化は日本よりもさらに短くなり、「第1の近代」が省略され、Chang（2013）がいう「圧縮された近代」状態に至っている（落合2013）。それ故に、日本は「半圧縮近代」を経験したと落合（2013）は結論づける。牟田（1994）、落合（2013）は文化と人口、ジェンダーの視点の研究から、近代家族の様相が国や文化の相違によって変わることを示している。したがって、先述した近代の経験過程における相違から、日本の近代家族だけではなく、東アジア諸国に特有の近代家族の様相を呈しているのに違いない。

中国の家族変動を掴むことを目的とした時、近代家族論は家族モデルの相対化を図るための有用性は考えられるものの、近代家族論が欧米の家族歴史研究から啓発され、資本主義体制をベースに展開された家族変動論であることには留意すべきである。

第2項　中国の社会主義的近代における家族変動研究

中国の社会学研究は、1979年から再建が図られた。1979年から現在に至るまで中国家族社会学の研究には三つの段階があり、林（2018）は以下のようにまとめた。第1段階は80年代から90年代末である。この段階では資本主義社会で蓄積された理論、書籍が翻訳され、家族機能、家族関係、家族ネットワーク、一人っ子定位家族の研究が行われた。第2段階は20世紀末から21世紀初期である。この段階で新たに注目された問題は家族暴力（DV）、留守児童、シングルファミリーである。第3段階は、直近の7、8年である。この段階では、異なる視点から多様な家族問題が考察されており、最近注目されている課題は、国、家族と個人の関係であると指摘された。

中国の家族変動研究では、グードに代表される近代化論（Goode 1982 = 1986）を進化論的な面を有する点については批判した上で援用し、中国における家族変動は経済発展と連動し（楊1995、林2018）、農村部が、工業化や産業化が進んだ地域を目標に発展していくとの方向性が示されている（雷1994、楊1995）。したがって、工業化、産業化が進んだ都市部の家族研究は中国家族変動を理解する手がかりであり、都市部の家族の現状を明らかにすることは中国家族変動の見通しを得ることに有用であると言える。

経済発展に伴う中国の家族変動の傾向については、資本主義制度の国と異なる変動モデルであることが強調されてきた。施（2013：202）によると、中国の家族変動は「伝統的家族から近代的家族への変容」よりも、「伝統家族と近代家族（または現代家族）との共存」の可能性を持ち、「西洋に由来するモデルと異なった近代または脱近代のモデル」が「存在しうる」。よって、中国は独自の社会構造転換の歴史的経験を持ち、かつ現在でも中国式社会主義制度を継続しているため、近代家族論を用いながら中国の家族変動について議論を展開する際には、その有効性と妥当性を改めて確認する必要がある。

また、資本主義体制と同様に、社会主義体制の国でも、家族の規模が縮小し、核家族化する傾向が見られたが、男女平等のイデオロギーの元で男性も女性も就業していることは社会主義諸国に特有な現象であると指摘されている（中里ら2013）。白水（2006：222－223）はこれからの中国家族が「専業主婦が増え近代家族化するか、また、近代家族の段階を経ず脱近代家族に合流するか」を着眼点として取り上げ、「中国型近代家族はかつての欧米や日本の『近代家族』とは異なり、女性は専業主婦ではなく、むしろ夫婦共同型の『脱近代家族』

と類似するが、中国の特色は儒教圏に共通する強い性別役割分業意識をともなって、特に妻側に家庭と仕事を両方よくこなす超良妻賢母が期待されている」との見解を示した上で、「家族の形態が多様化に着実に進行し、大きな変貌の時期を迎えていることは確かである」とまとめている（白水２００６：２２２‐２２３）。

近代家族を対照モデルとする先行研究から見られた現代の中国家族の特徴は以下のようにまとめられる。①近代家族的な特徴は若い層（80後以降）を中心的に見られた（石塚２０１４）。②専業母規範と共働き規範の両立志向が存在する（宮坂ら２０１２）。③専業母は「情緒的要素よりもむしろ業績主義的要素が強」い（宮坂ら２０１２：８０）。④ケア労働の外部化に許容的である（宮坂２０１３）。「前近代的」でありながら、「近代的」、「脱近代的」な様相が見られ、現代中国の家族の圧縮性には著しいものがあるという于（２００８）の示唆に通じる要素はこれらの特徴から十分に読み取ることができる。

中国の家族や家族成員は社会主義体制の歴史的経験を持ち、現在は市場経済の社会構造に影響されている。よって、中国の家族を考察する際には、社会主義における計画経済の歴史的経験に留意すべきである。

中国は儒教の価値観の下で、前近代では性別役割分業が存在し、女性の生産労働への参加率が低かった（落合2013）。1949年から社会主義政策の下で、男女平等のイデオロギーが推進されたが、政策が個人のジェンダー意識より先行している特徴があった（李2016）。よって中国の場合は、ジェンダー規範の変容は、資本主義社会の家父長制→性別役割分業→男女平等規範（個人主義的個人化に伴うジェンダー意識の変容）のように、個人の人権意識をベースにしたフェミニズム運動ではなかった。社会発展状況を超えた制度が制定され、男女平等が図られたため、個人意識レベルにおける男女平等に対する認識は所属する世代の教育歴と社会環境の影響によって異なる（李2016）。政策における機会的平等がある程度実現したとは言え、個人の意識の転換が遅れているため、結果の平等につながらなかった。また、市場経済の導入以降においても、共産主義の政治体制が継続されているため、男女平等の政策方針は変わらないが、市場化の進行により、女性の労働力に対する評価が低下しつつある。

現在では、女性のジェンダー規範には保守的なものとリベラルなものが混在している可能性が高く（宮坂ら2012）、若者のジェンダー意識には保守化の傾向が見られている（田2016）。また、専業母の誕生など、近代家族化の様相も確認されている（石塚2014、宮坂ら２０１２）。このように、中国において、ジェンダー意識の転換や複雑化は、国の政策に強い影響を受けており、政策の転換が個人のライフスタイルに大きな影響をもたらしているのは言うまでもないことである。

第3項　本研究の位置づけ

本章の第2節、第3節では、80後研究における今までの知見を整理した。先行研究を踏まえると、いくつかの課題が見えてくる。まず、80後家族における研究は家族主義の立場で展開され、80後の価値観に偏りがあるというような本質主義的な視点から80後とその家族を取り扱いがちであるため、80後当事者がどのように家族を営み、そしてどのように家族を認識しているかについての関心が欠けていることである。もし家族を持つことが、80後の価値観や行動様式に大きな変化をもたらしたのであれば、80後の生殖家族に関する研究は80後研究にとって重要な課題であると言えよう。

また、80後家族の脆弱化の理由として、夫と妻が役割分担に不満で夫婦関係を悪化させることがしばしば言及されてきた。その理由はジェンダー規範から探ることができる。ジェンダー規範が複雑化して意識と行動の乖離が見られ、仕事と家事・育児の両立は問題となりつつある。しかし、80後のジェンダー規範の特徴、仕事と家事・育児の調和に問題があることについては先行研究で提起されたが、80後当事者の視点に関する考察は少ない。したがって、80後における先行研究の問題点に対応するという視点から、育児期にある80後家族を対象にする本研究では、80後の稼得役割と家事・育児役割の意味づけ、そして80後の稼得役割と家事・育児役割を遂行、調整の過程に注目している。そのため、本研究は80後研究の延長線上にあると考えられる。

第1章で取り上げた先行研究では、中国の家族形態と家族関係、ジェンダー意識の歴史及び現況が提示したが、それらの研究は、社会主義的近代における中国独自の家族関係、ジェンダーの規範の把握に有用である。また、中国全体・全世代を対象にしたそれらの研究から、現在の中国家族は多様的、変動的であるとわかった。その一方で、強い親族ネットワークが維持されていることや世代規模が小さくなったこと、独自のジェンダーの歴史的経験は当該社会で生活を営む家族にどのように影響しているのか、そこに生きる当事者の生活様相を描く、当事者の視点からの実証研究が少ない。また、家族変動の方向性と傾向の提示が不足している。本研究では、第1章で提示された中国家族とジェンダーの独自の歴史的経験を踏まえ第2章で取り上げた社会構造の転換、人口政策の実施の背景に留意し、議論を展開していく。改革開放と一人っ子政策を実施する以前に生まれた70後と改革開放、一人っ子政策の下で生まれた80後の二つの世代のライフスタイルの詳細を提示しながら比較し、その共通点と相違点を明らかにする。二つの世代の家族変動の様相を考察することによって、「圧縮された近代」の東アジアの一国であり、社会主義的近代を歩む中国における家族変動を掴む研究の延長線上に本研究を据えることができると考える。

第3章　調査概要と分析方法

第1節　調査の概要

第1項　調査対象者

先行研究の節で提示したように、80後はほかの世代と異なる価値観を持っている可能性が高いにもかかわらず、安定的なライフコースを歩んでいることが明らかにされている。80後のライフスタイルの特徴をより引き出すため、以前の世代と同様に結婚し、子どもを持つ安定的なライフコースを選んだ80後を対象者にした。それによって、一見同じようなライフスタイルの人々に、世代による内実の異なりがあるかどうかを考察できる。

また、本研究では研究目的に応じて、中国の都市部に生まれた80後の異性愛カップルであり かつ子どもを持ち、両親が健在であることを基準に調査対象者を選定した。比較対象とする70後世代も同様に、異性愛カップルで子どもを持ち、かつ育児期に両親が健在であったことを条件とした。

なお、70後、80後の歴史・社会的経験については、表1で提示した。要点を述べると、70後は中国社会が改革開放政策の実施を迎えた頃に10代前後であり、20代前後に都市部の企業体制改革と市場経済の加速化を経験した。70後の30代前後にあたる時期に「単位」の解体や中国のWTO加入、および住宅の商品化などの一連の市場経済化の大事件があり、40代前後にあたる時期に中国経済は高速成長を迎え、50代前後に一人っ子政策の廃止を迎えた。その一方で、80後は、70後より十年遅く生まれ、10代前後にあたる時期には、中国社会は既に市場経済化が進んでおり、20代前後にあたる時期には、市場経済化の加速を迎えた。また、80後は30代前後に「単位」の解体や、住宅配給の終焉を経験した。40代前後に一人っ子政策と二人っ子政策の開始を迎え、米中貿易摩擦を迎えた。

対象者は80後カップル9組計18名、70後カップル5組計10名である。対象者の属性の詳細については調査協力者一覧（表2）で示した。調査対象者の特徴として、協力者の属性（80後、一人っ子同士の結婚、親が健在、都市部の戸籍、育児していること）を限定し、ペアデータの収集を重視した結果、協力者全てが山東省在住であり（山東省の特徴について、次項で述べる）、最終学歴は大学院卒業者2名、大学卒業者が18名、三年制大学4名、高校2名、中学校2名とやや高学歴に偏ったデータとなっている。また、80後のデータにおいて、親との居住距離が近いとはいえるが、同居のケースがないという居住者形態の偏りがあった。風（2006）による一人っ子政策で生まれた一人っ子同士の夫婦と非一人っ子の夫婦の居住形態の比較研究において、一人っ子同士夫婦が親と別居する比率は、一人っ子同士夫婦協力者の総人数の3分の2であり、一人っ子政策で生まれた一人っ子夫婦が親と別居する傾向であるとわかった。第2章で既に述べたように、80後の生殖家族に関する研究は少なく、また、親と別居する場合には夫婦における役割調整が一層重要であるため、役割調整プロセスを見出すことがより可能であると考えられる。同居ではないにもかかわらず、親の援助を受けている場合があれば、結果の部分で提示する。

ほかに、80後は夫婦双方が全て一人っ子であり、70後は10名のうちきょうだいを持つ協力者が6名、持たないのが2名、不明が2名である。

表１　70後、80後の歴史・社会的経験一覧

西暦年	社会的出来事	70後	80後
1949年	中華人民共和国建国		
1950年	婚姻法の公布		
1951年			
1952年			
1953年	第一期五年計画		
1954年			
1955年			
1956年			
1957年			
1958年	大躍進		
1959年			
1960年	三年自然災害＆ソ連との関係悪化		
1961年			
1962年			
1963年			
1964年			
1965年			
1966年	文化大革命開始		
1967年	文化大革命期		
1968年			
1969年			
1970年			
1971年			
1972年			
1973年			
1974年			
1975年			
1976年	文化大革命終了		
1977年		10	
1978年	大学入試再開		
1979年	改革開放政策開始 一人っ子政策を『憲法』に		
1980年			
1981年	新婚姻法実施		
1982年			
1983年			
1984年	都市企業体制改革		
1985年			
1986年			
1987年		20	10
1988年			

1989年				
1990年				
1991年				
1992年	市場経済加速開始			
1993年				
1994年				
1995年				
1996年				
1997年	香港返還、「単位」解体		30	20
1998年				
1999年	マカオ返還			
2000年	住宅配給終焉			
2001年	WTO加入	不動産繁栄・格差拡大		
2002年				
2003年				
2004年				
2005年				
2006年				
2007年			40	30
2008年	北京オリンピック			
2009年				
2010年	GDP世界二位			
2011年				
2012年				
2013年				
2014年				
2015年				
2016年	一人っ子政策廃止			
2017年			50	40
2018年	改革開放40周年、米中貿易摩擦			

出典：1949年～2008年までは、于（2013, p.71-72）を参考に筆者が作成した。但し、一人っ子政策の設置と実施は原（2016）のまとめに従い、1979年と記した。

表2. 調査協力者一覧

対象者番号（男性）	地域	年齢	学歴	就業状況	年収	きょうだいの有無	対象者番号（女	年齢	学歴	就業状況	年収	きょうだいの有無	子ども年齢	親との同居状態
80　後														
AH	済南	31	大学	正社員	14－15万元	なし	AW	30	大学	正社員	4万元	なし	3歳	別居（夫実家：車20分程度、妻実家：車20分程度）
BH	済南	31	大学	正社員	5万元	なし	BW	30	大学	正社員	3万元	なし	4歳	別居
CH	済南	33	三年制大学	自営業	10万元	なし	CW	33	大学	正社員	20万元	なし	5歳	別居
DH	濰坊	29	大学	自営業	10万元	なし	DW	29	大学	正社員⇒在宅勤務	4万元	なし	3歳	別居（夫実家：車10分程度、徒歩20分程度、妻実家：車20分程度、徒歩20分程度）
EH	濰坊	30	大学	正社員	15万元	なし	EW	30	大学	正社員	20万元	なし	1歳	別居（夫実家：車10分未満、妻実家：車30分程度）
FH	濰坊	28	三年制大学	自営業	10万元	なし	FW	28	中学校	自営業⇒主婦	0元	なし	2歳	別居（夫実家：妻実家よりやや遠い、妻実家：徒歩15分程度）
GH	濰坊	30	大学	正社員	4.5万元	なし	GW	30	大学	正社員	3万元	なし	5ヶ月	別居（夫実家：徒歩5分、妻実家：徒歩30分程度）
HH	濰坊	36	大学	正社員	10万元	なし	HW	30	大学	正社員⇒在宅勤務	10万元	なし	3歳	別居（夫実家：車30分程度、妻実家：車30分程度）
IH	濰坊	32	大学院	正社員（国営）	6－7万元	なし	IW	30	大学	正社員	5－6万元	なし	2歳	別居（夫実家：車90分程度、妻実家：車20分程度）
70　後														
MH	青島	44	大学⇒大学院	正社員	10－20万元	あり	MW	44	大学	一時中断⇒正社員	10万元	あり	13歳	別居
NH	濱州	43	高校	正社員（国営）	3－5万元	なし	NW	45	技術学校⇒三年制大学	正社員（国営）	3－5万元	あり	13歳	同居経験（3ヶ月）⇒別居
OH	濰坊	46	高校	正社員（国営）	3－5万元	なし	OW	45	中学校	正社員	1－3万元	あり	19歳	同居（結婚以来・夫の親）
PH	煙台	46	大学	正社員（国営）	6万元	あり	PW	46	大学	正社員（国営）	6万元	あり	6歳	同居（四年半）⇒別居(夫の親)
QH	煙台	43	中学校⇒大学	正社員（国営）	6万元	不明	QW	42	技術学校⇒三年制大学	正社員	3－4万元	不明	高校生	同居（直近1年・夫の親）

注：1元約16.5円である。（三菱ＵＦＪリサーチ&コンサルティングにより http://www.murc-kawasesouba.jp/fx/index.php　2018年10月17日取得）

第2項　調査地

山東省の面積は15．71万平方メートルであり（図6）、中国の東部沿海地域に立地し、中国総面積の1．64%を占めている。2010年全国人口統計のでは居住人口は約9579万人であり、一世帯の平均人数は2．98人である。2018年では人口数は一億人を超えていると考えられる[13]。特に、都市部の居住人口は約2836万人であり、一世帯の平均人数は2．80人である[14]。

13　山東省人民政府ホームページ　http://www.shandong.gov.cn（2018年10月15日取得）

14　「2010年人口普查資料」国务院人口普查办公室、国家统计局人口和就业统计司編 http://www.stats.gov.cn/tjsj/pcsj/rkpc/6rp/indexch.htm（2018年10月15日取得）

15　山東省人民政府ホームページ http://www.shandong.gov.cn/col/col2966/index.html（2018年10月15日取得）

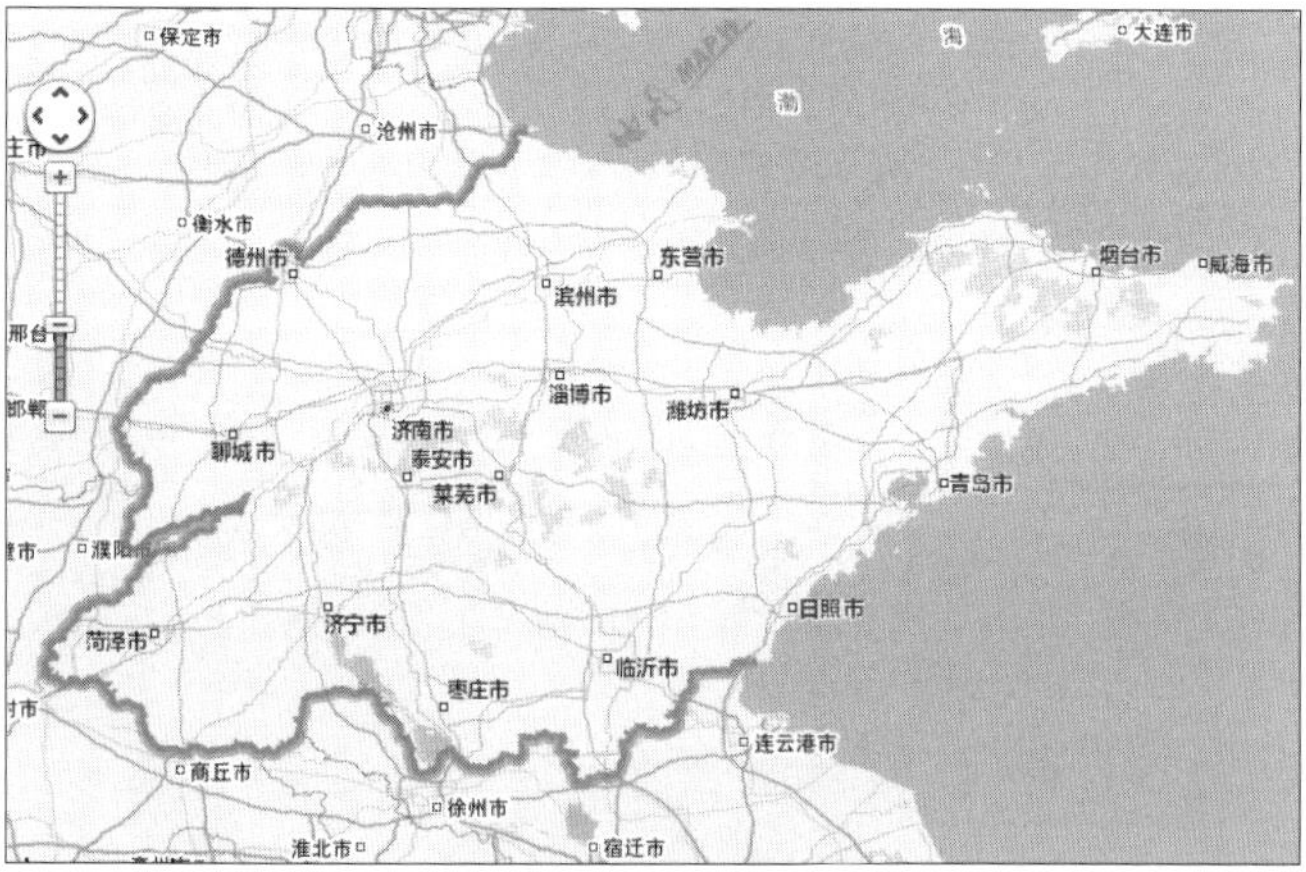

図6．山東省行政地図

出典：山東省人民政府ホームページより[15]

山東省は沿海地域に立地するため、輸出入産業が発達している。山東省統計局２０１７年の調査によると、２０１７年山東省の輸入総額は７８５８．５億元であり、輸出総額は９９６５．４億元である。主な貿易先はアメリカ、東南アジア諸連合（ＡＳＥＡＮ）、ＥＵ、韓国、日本である[16]。山東省の２０１７年のＧＤＰは７２６７８．２億元であり、第一産業（農業・林業・水産業）、第二産業（鉱工業・製造業・建築業）、第三産業（サービス業・情報生産）の構成比率は６．７：４５．３：４８．０である。また、都市化が進み、２０１７年都市部の就労者数は１２８．３万人ほど増加した[17]。

中国国家統計局が公表した２０１６年のデータ[18]では、山東省の住民平均所得は２４６８５．２７元[19]であり、中国の平均２３８２０．９８元よりやや高い。都市部だけを見

１６　山東省人民政府ホームページ　山東省統計局「开放型经济」http://www.shandong.gov.cn/art/2018/3/2/art_3146_99068.html（２０１８年11月20日取得）

１７　山東省人民政府ホームページ　http://www.shandong.gov.cn/art/2017/3/2/art_3138_71067.html（２０１８年11月20日取得）

１８　中国国家統計局ホームページ　http://data.stats.gov.cn/easyquery.htm?cn=C01&zb=A0A01&sj=2016 http://data.stats.gov.cn/easyquery.htm?cn=E0103&zb=A0A02&reg=370000&sj=2016（２０１８年10月15日取得）

１９　1元約１６．５円である（三菱ＵＦＪリサーチ＆コンサルティングにより http://www.murc-kawasesouba.jp/fx/index.php　２０１８年10月17日取得）

ると、住民平均所得は３４０１２．０８元であり、中国全国の平均３３６１６．２５元よりやや高い金額になっている。

山東省は中国古代文化の発祥の地の一つであり、儒教を体系化した孔子、孟子の出身地のため、孔孟の郷とも名づけられた。また、『「父母在，不远行」（両親が健在する際に遠い場所に行かない）親孝行を重視するなど、儒教からの教えが人々に知られている（山東省婦女社会地位調査課題組２００３、王２００８）。山東省は家族を大事にする価値観を重視する地域とも言える。

２０１５年頃から二人っ子政策が実施されて以来、山東省の出生率は常に全国トップレベルを示している。それとともに、育児サービスの不足問題が浮上し、幼稚園の不足数は２０２１年までに４６００園に上ると予測された[20]。山東省政府が公開した『山東省婦女発展「十三五」計画』及び『山東省児童発展「十三五」計画』の会議記録[21]では、二人っ子政策の全面実施によ

２０　『斉魯晩報』電子版２０１６年８月11日『我省毎年需新建９００多所幼儿园』http://epaper.qlwb.com.cn/qlwb/content/20160811/ArticelA03002FM.htm（２０１９年２月７日取得）

２１　中共山东省委对外宣传办公室 山东省人民政府新闻办公室 新闻发布会『解读「山东省妇女发展『十三五』规划」和「山东省儿童发展『十三五』规划」』http://www.iqilu.com/html/shouquan/fabuhui/201608/09/2922.html?isappinstalled=0（２０１９年２月７日取得）

り、公営幼稚園入園が困難であり、私立幼稚園の費用が高いといった「重大な問題」が保育サービスの提供に生じていると示された。対策として、『山東省婦女発展「十二五」計画』及び『山東省児童発展「十二五」計画』では、幼稚園の増設や、女性の職業訓練、公共の場所や企業での授乳室の創設、育児休暇が男女ともに取得できる仕組みへの模索など多様な計画が立てられている。まとめれば、山東省では公的な育児サービスが不足する傾向であり、購入可能なサービスはあるが、高額であることが多い。ただし、公的なサービスを充実させようという政府の姿勢が見られる。また、家族を大事にする地域であるため、外部サービスが不足する際に、親や親族の援助を借りることが比較的可能である。80後は家事・育児の調整において、家族の手を借りるのか、それとも外部のサービスを求めるのか、その調整のあり方を山東省の事例から観測することが可能であると考える。

山東省婦女社会地位調査課題組（2003）によると、山東省では「男性は社会活動、女性は家庭」、「キャリアアップよりも稼ぎ手獲得」に賛成する比率が全国平均水準より高い。また、女性の相続権に賛成する比率、女性が積極的に仕事を獲得する意欲、女性の家族における決定権は全国水準より低い。また、山東省は全国データと比べ、結婚の決定権の一部が親の手にあることや、女性の生活と社会活動の範囲が狭いことが明らかにされている。さらに、家事分担から見ると、女性が家事の主な担い手であることは全国データと変わらないが、男性と女性が費やす時間数の差（男性の時間数少ない）は全国より顕著である。その一方で、保守的なジェンダー規範を示す「男性は生れながらに女性より強い」、「女性はできるだけ社会（仕事）において夫より強くならない方がよい」に反対する比率は全国レベルよりも高く、保守的なジェンダー規範に反対する意識が強いことも確認された。山東省には保守的なジェンダー規範とリベラルなジェンダー規範が共存し、矛盾している様相であるということがうかがえる。したがって、保守的なジェンダー規範とリベラルなジェンダー規範との矛盾が全国でも強い地域といえよう。その上で、家族を大事にするなど家族主義の意識が強い地域であり、中国のジェンダー規範と家族変動を観測するために理想的なデータ収集地であると考えられる。

第3項　調査期間と調査手順

80後に対する調査は2016年と2017年に実施し、70後の調査は2018年に行った。80後の調査は全て中国現地で行い、調査対象者が指定した場所（協力者の自宅・喫茶店）で対面インタビューを行った。調査協力者は筆者の知人を基点としてスノーボールサンプリング形式で募集した。研究者が調査協力者の紹介が可能な知人（5〜10名前後）に本研究の目的・意義を説明し、理解を得た。その後、紹介者に調査協力者を募ってもらった。２０１６年の調査は女性を対象にし、２０１７年には２０１６年の協力者の配偶者と協力者に紹介してもらい新たな協力者のインタビューを実施した。調査初期はまず幅広く協力依頼を行い、インタビューを行ったが、途中で配偶者の協力が得られないケースがあり、ペアデータにならないケースが生じた。そのため本研究では、ペアデータになるケースのみを分析に用いた。

協力者との連絡、スケジュール調整と場所の設定に関しては日本から中国で普及率が高い通信ツール WeChat を用いて行った。WeChat で研究協力可能な候補者からメールアドレスを取得し、調査協力依頼書を送り、調査協力の承諾を得た。調査協力者の都合を最優先に、インタビュー調査の日程や場所の調整をした。また、調査協力者に、研究倫理誓約書にてプライバシーの保護および守秘義務の遵守、学術目的以外では利用しないことを説明した。さらに、インタビュー実施の直前に調査の主旨と調査協力について承諾か否かを再度確認し、インタビューを行った。本研究における全ての調査手順、調査項目及び、調査における倫理的配慮については、インタビュー実行する前にお茶の水女子大学人文社会研究の倫理審査委員会の審議を受け、承認されたものである。

70後の調査はWeChatのネットテレビ電話やネット電話機能を利用し、インタビューを行った。インタビューは個室で行われ、他人に内容を漏らさないように配慮した。連絡の手続きとインタビューの流れは80後の対面調査と同様である。調査協力者と実際に会うことができない場合は、電子メールよりも、ネットテレビ電話（Skypeなど）によるインタビューのほうが対面インタビューの効果に近い（Seidman 2013）。しかし、時間、空間、金銭的制限がある際には、ネットテレビ電話によるインタビューは有用であるが、対面インタビューのほど優れていないため。そのため通常はできる限り対面インタビューを行うべきとの指摘がある（Seidman 2013）。ネットテレビ電話における面接については、高丸（２０１６）の実証研究で実践された。高丸（２０１６）はテレビ電話を用いたインタビュー調査と直接対面インタビューの効果は基本一致すると主張しながらも、通信状況による通話の中断や音声と画像のラグが生じる可能性があると提示した。本研究における調査前に、高丸（２０１６）が言及したネットテレビ電話を用いたインタビューの注意事項を参考に、実施する際に対策を講じた。インタビュー時間は

1人あたり約1時間である。本研究のデータはペアデータであるが、夫婦別々でインタビューを行ったため、夫婦間の相互作用自体を分析することが困難なところがある。そのため、本研究においては、役割遂行のプロセスに関する互いの評価や影響を各自の語りから分析し、それによって夫婦間の相互作用を見出すこととする。

第4項　調査方法と調査内容

本研究では、半構造化質問紙に基づくインタビュー調査を採用した。インタビュー調査を採用することには二つの理由がある。まず、本研究の問題関心からである。80後の生殖家族の仕事と家事・育児の役割調整に注目する先行研究の数はわずかしかなく、当事者の視点からの分析はより少ない。中国の家族や女性のジェンダー規範に注目する研究において、「保守化」が近年よく見られるキーワードの一つであるが、保守化の内実はどのようなものか、建国以来ずっと提唱してきた男女平等のジェンダー規範は経済市場化とともに消えていくのかを確認する必要がある。その上で、もし男女平等のリベラルなジェンダー規範と保守的なジェンダー規範の二つ性質の規範が同時に存在するとすれば、それが個々人にとってどのように用いられ、いかに仕事と家事・育児の調整がなされているのか、その詳細を把握したい。序章で既に言及したように、本研究では山根（2010＝2011）のエージェンシーアプローチや江原（2013）の家族変動とジェンダーの関係における視点を援用しつつ論を展開する。したがって、80後がエージェンシーとしてどのように言説と資源を用いながら、稼得役割と家事・育児役割を調整し、遂行しているのかをインタビュー調査を通して聞き取る必要がある。それと同時に、インタビュー調査で役割遂行に対する意味づけについて聞き取れるため、対象者が「自分自身を活動の主体とみなすかどうか」（江原2013：566－567）の確認が可能となり、個人と家族との位置関係の考察ができる。よって、インタビュー調査は仕事と家事・育児の役割調整における80後の意味づけや調整の詳細なプロセスを把握するために有効な手法であり、本研究の目的には相応しいと考えた。

もう一つの理由として、中国での社会調査において、観察やインタビューを用いた質的調査には、他の調査方式にない独自の利点があることが挙げられる。具体的に挙げると、菱田ら（2005：114）は中国には言論の自由が制限される歴史があり、「質問の仕方によっては紋切り型の回答しか戻ってこないケースが多い」、「周囲の環境に合わせた言論を表明したがる集団主義的風土」のような返答になりがちであると述べている。さらに、このような落とし穴を避けるためには、「迂回よりも、時間をかけて信頼に足る情報提供者を見つけ出し」、対面方式を用いた地道な質的調査が有用である（菱田ら２００５：１１４）と指摘している。

他に、半構造化インタビューは構造化された質問に「はい」、「いいえ」と答えることよりも、具体的な例示や詳細な経過を聞ける。質問の方法や質問の順番が臨機応変に用いることも可能であり、協力者のことをより深く聞き取れ（今野２００９＝２０１０）、新たな知見の発見や現有の知見を深めることが可能である（桜井２００２）。

調査において、まずフェイスシートを用い、調査対象者の年齢、学歴、年収など調査対象の基本属性を把握した。また、定位家族の基本属性についての内容もフェイスシートに設置し、調査対象者を通して問いだ。次にインタビューガイドに沿って質問を行った。インタビューガイドには質問項目を設定し、またインタビューの際に活用できそうな質問の例を記入した。なお、インタビューの質問内容を概して挙げると、学生時代から現在までジェンダー意識、進学の際の選択基準、就職活動・就職後の経験、結婚後の家事・仕事調整、子どもが誕生後の仕事と家事・育児の調整に関する問いだが、本研究では研究テーマに必要な部分のみを分析に用いた。具体的な内容は以下の通りである。また、下記全ての質問を協力者に問いかけてはおらず、協力者が答えた内容に沿って、適宜に質問の仕方の調整を行った。

就職の際の経験：

①職業を選択する際に自分は男性だからある職業に向いていない、向いていると考えたことはありますか？

②職業選択する際に誰からアドバイスをもらいましたか？最終的な選択は自分の意思による部分が多かったですか？それとも他人の意思による部分が多かったですか？

③男性と女性の家事・育児役割、経済役割の分担についての考え、当時のジェンダー意識についての自己評価。

④就活の過程、その際に遭った困難と対策、努力、得た援助。

⑤就活の際に、性別、身長などの制限で、応募できなかった経験はありますか？

⑥就活の際に、自分の性別は有利だと思いますか？

結婚後の経験：

①あなたが考えている一般的な家庭内役割分担の理想像を教えてください。

②あなたの家庭内役割分担を教えてください。現在の家庭内役割分担についての評価

③理想な家族イメージの形成にはどこから受けた影響が大きいですか？

④あなたの考えと一般的な考えは一致していますか？

⑤一致しない場合はあなたがどのような行動を取りますか？

⑥夫婦における理想的な働き方について教えてください。

⑦結婚後のジェンダー意識についての自己評価。

子どもの誕生後の経験：

①あなたが考えている一般的な育児に関する家庭内の役割分担を教えてください。

②あなたが考えている育児に関する家庭内の役割分担の理想像及び現在の実態を教えてください。

③この理想像の形成にはどこから受けた影響が大きいですか？

④自分の考えと一般的な考えは一致していますか？
⑤一致しない場合は自分がどのような行動を取りますか？当時のジェンダー意識についての自己評価。
⑥子どもの誕生は職業キャリアに影響がありますか。具体的にどのような影響ですか。今のワークライフバランスに満足しているところ。
⑦これからの自分の職業キャリアと家事・育児のバランスについてどのように考えていますか？

第2節　分析方法と語りの引用

第1項　分析方法

相互作用における個人の主観的な行為の意味づけの過程について、Blumer（1969=1991）は下記の三つの前提を述べた。まず、人間はある事柄が自分に対してもつ意味に基づいて、その事柄に対して行為することである。続いて、事柄の意味は、個人がその仲間と一緒に参加する社会的相互作用から導き出され、発生することである。最後に、このような事柄の意味は、個人が自分に出くわす事柄を対処するなかで、その個人が用いる解釈の過程によって扱われ、更新されたりすることである。よって、人間は社会的相互作用から生まれた意味を自ら解釈し、その意味にのっとって行為し、また、意味の解釈が可変的であるとわかる。本研究においてインタビュー調査を行う際に意識したことは、インタビューは会話でありながらもインタビュアーと協力者の相互行為であることである。また、そこで得られたデータは、あくまでもインタビュー時点における協力者の回顧を基礎としたものであることに留意した。

インタビュー調査完了後に文字化し、分析に用いた部分だけを翻訳した。翻訳する際に、できるだけ語った内容そのままのニュアンスを日本語にすることに吟味した。また、翻訳後に第三者に訳文と原文、両者のニュアンスが一致するかを確認するために翻訳のチェックを行った。

分析時に本研究の目的に沿って、リサーチクエスチョンをさらにサブ分析テーマに置き換えた。

①80後（70後）は稼得役割、家事・育児役割についてどのような意味づけをしているか？
②80後（70後）は稼得役割、家事・育児役割を遂行する際に問題と思っていたことはなにか？
③80後（70後）は稼得役割、家事・育児役割の遂行を円滑に行うためにどのようにマネジメ

ントを行い、どのような社会資源を用いたか？

④以上の三つの次元において、70後と80後はどこが同じか、どこが異なるか？

文字化した80後、70後のペアデータを質的データ分析ソフトウェアMAXQDA2018（Release18.0.8）を使い、分析を行った。まずデータの語りを一行一行に丹念に読み、オープンコーディングを行った。その際に、サブ分析テーマを軸にしながら、それと関係ありそうな箇所を細かくコーディングした。次に、オープンコーディングにおいて生成した概念間の関連や相異を検討しながら、選択的コーディングを行い、カテゴリーを生成した。この過程において、検討した内容、浮かび上がった考え、湧いた疑問点をMAXQDA2018のメモ機能にまとめた。このメモはカテゴリー間の比較、カテゴリー命名の検討、概念図の作成および実証章節の執筆の際に、参考に用いた。

佐藤（２００８＝２００９：９６）は、分厚い記述の論文になるために、「現場の言葉」と「理論の言葉」との「あいだを研究者自身の個人的な意味世界を介して、橋渡ししていく作業が極めて重要な役割を果たしている」と述べ、その過程を「『対象者たちの意味世界↓研究者コミュニティの意味世界』という方向からだけでなく、『研究者コミュニティの意味世界→対象者たちの意味世界』という逆の方向からも行われる」ということが重要であると指摘する。佐藤（２００８＝２００９：９６）によると、帰納的アプローチは協力者の語りデータを元に概念の生成を図ることであり、演繹的アプローチは先行研究を参考にする概念を生成することである。そして、本研究の分析でもオープンコーディング、カテゴリー生成の際に、佐藤（２００８＝２００９）が提唱する帰納的アプローチと演繹的アプローチを併用した。

第2項　語りの引用

本研究におけるインタビューデータ（語り）の引用の方法は下記の通りである。引用する語りの前に、アルファベットの大文字二つからなる対象者番号を付けている。一文字目は対象者を区別するため、アルファベット順に振り分けている。二文字目は夫の場合はH、妻の場合はWを付けた（例えば、ＡＨさん、ＡＷさん）。質問文が必要と判断された際に、アルファベットQを用いて質問文であることを示した。

また、本文で引用した短い語りは、「　」にて内容を表記した。語りの引用の省略があった際は、（省略）と表記した。なお、翻訳する際に、文面の流れのため筆者が足した言葉は全て（　）にて提示した。

第4章　80後女性の役割遂行と意味づけ

第4章と第5章は、本研究における実証部分であり、インタビュー調査のデータ分析結果を提示する。本章では、80後の女性はどのように稼得役割と家事・育児役割の意味づけをし、遂行するのかについて注目する。また、稼得役割と家事・育児役割を遂行する際に生じる葛藤とそれを正当化する過程を明らかにする。さらに、この過程において、個々人がどのように他者と相互作用しながら、周囲の社会資源を利用したのかを考察する。続いて、80後女性の役割遂行をタイプ化し、夫からの評価を取り入れ、役割遂行における夫婦間の相互作用を可視化する。最後に、70後の女性と比較しながら、80後女性のライフスタイルの選択過程の独自性、特徴の解明を試みる。以上の検討を通して、80後女性における「家族規範」、「ジェンダー規範」の可視化を試みる。

具体的には、第1節で、80後女性が家庭内の役割分業をどのように遂行しているのかについて詳述する。第2節では、80後女性が家庭内の役割分業を遂行する際に生じる葛藤の詳細を紹介する。第3節では、自らの家庭内の役割分業の遂行に対して、80後女性がどのように意味づけしたかを確認する。次に、葛藤を経験する際に、どのような社会資源を動員し、正当化したのか、その過程を提示する。第4節では以上三節をまとめながら、80後女性の役割遂行のタイプ別に分類する。次に、夫からの評価を提示し、役割遂行における夫婦間の相互作用を述べる。最後の第5節では、役割の意味づけ、葛藤、正当化過程の三つの次元において、80後女性と70後女性の比較を行う。これにより、80後女性の特徴を明らかにするとともに、80後家族のライフスタイルの選択過程を可視化する。

本章では対象者の語りを多く引用するが、語りが短い部分については、研究者の質問も併せて記述した。このことにより、語りの流れがより理解できると考える。

第1節　80後女性の役割遂行の状況

本節では、家庭内の性別役割分業の現状について、とりわけ家事・育児役割、稼得役割を、80後女性がどのように担っているかを詳述する。

第1項　リベラルな役割分担

本分析では、80後の女性が、家事・育児は女性だけの責任ではなく、夫婦二人で協力しながらやっていくべきとの意識を持っていることが確認できた。この意識を実践に繋げたEWさんは出産後にすぐ仕事に復帰し、育児をしながら自分のキャリアを築いていく。

EW：「家事なら自分と夫は半分ずつでやっています。今はもう女性が家の世話、男は外の時代じゃないです。自分の場合は、私が会社の取引先を接待するのに対して、夫は家で家事している。うちでは普通の光景です。収入面から見ても、私のほうが高いです。」

EW：「自分にとっては、自分が好きで安定した仕事を持って、子どもが健康に育てばいいと思います。家庭はずっと平和なわけではなく、いろいろなこともあります。でも、夫が支持してくれているので、とても幸せ、もう十分です。（中略）（仕事と家事・育児）を全部完璧にできません。家事をかろうじて20％くらいやって、仕事は50％、残りの30％のエネルギーは育児に使っています。」

ＥＷさんの語りからは、半分のエネルギーを仕事に、残りの半分を家庭のために費やしていることがわかる。また、ＥＷさんと同じように、出産休暇を終えた後に、すぐ仕事に復帰するケースが目立つ。ＥＷさんだけではなく、ＨＷさんも自分の周りの友人、知人は、授乳期が終わった後すぐ職場に戻ることが多いと述べている。そこで、夫、家族の協力や、役割の調整が必要になってくる。しかし、仕事復帰後も家事・育児役割の主な担い手が女性であることには変わりがなかった。

第2項　女性中心の家事・育児分担

80後女性は家事・育児役割と稼得役割を夫と半々に分けるという理想を持っているが、稼得役割は夫が、家事・育児は80後女性が主に担っていることがわかった。また、夫と同程度に仕事に力を尽くしているにもかかわらず、家事・育児まで自身が中心となって行なっている。このように、80後女性は仕事に復帰し、稼得役割を果たしながら家事・育児を主として担う傾向にある。

ＡＷ：「子どもはもうすぐ3歳になる。仕事に復帰した今でも、毎日、昼休みには家（夫の実家）に戻る。義理のお母さんは夫と私が仕事で疲れているからと言って、夜も子どもを預かってくれている。昼休みと仕事が終わってから子どもの世話をしにいって、夜は自分の家に帰る。」

ＡＷさんの都市は交通事情が悪く、中国の交通渋滞ワーストランキングでは常に上位に位置し、地下水脈を保護するため、地下鉄も建設されていない。交通手段が未発達であるにもかかわらず、短い昼休みを利用し、職場と家と往復している。親族の援助を受けながら、昼休みの短い時間で子どもの世話をするために職場と夫の実家を往復し、自分の力が及ぶ範囲で育児役割を果たそうとしている。また、ＡＷさんは育児を父親と母親の共同の責任であると認識しているものの、実際の内訳を聞くと女性が主に担っているということがわかった。

Ｑ　：「育児について、夫と自分とが半分ずつ行うことは社会の一般常識と一致していますか？」

ＡＷ：「現在ほとんどの人は、パパとママが一緒に育児をやると考えていると思います。」

Q：「一緒にやると言いますが、その内訳は、AWさん自身の場合はどうなっていますか」

AW：「現在は女性が子どもの面倒を見て、男性は外で仕事をして、お金を稼いでいるほうが多いと思います。」

Q：「AWさんの家では、だれが家事をやっていますか」

AW：「やっぱり私です。家事のほとんどは私がやっています。」

Q：「それでも、稼ぐ金額は夫婦同等じゃないといけませんか」

AW：「はい。なぜかわかりませんが、稼ぎについて、私にとって絶対に同等であるべきだと思います。（夫に）負けない金額を稼ぎたいです。」

家事・育児役割の大半を担いながら、AWさんは稼得役割も夫に負けないくらい果たそうとしている。序章で言及した中国婦連が実施した女性社会地位に関する中国の全国調査によると、女性の勤務時間は男性とほぼ変わらないにもかかわらず、収入は男性の7割前後であり、女性が男性と同じ収入を得ることはできていない。AWさんの場合では、夫の年収14万元（約230万円相当）に対し、AWさん自身の年収は4万元（約65万円相当）である。稼ぎを求める意識に苛まれ、自分の稼ぎが不足している分を家事・育児で補おうとするため、家事・育児により力を注ごうとした結果、分担の不均衡に至ったと考えられる。また、IWさんと夫の収入の格差はAWさんほどではないが、AWさんと同じような家事・育児の分担状況にある。

IW：「いいお母さん、お父さんは子どもと一緒にいてあげて、うちの世話をするべきです。」（中略）「二人とも忙しいです。できるだけ時間を作って子どもと一緒にいて、家の掃除なども家族の世話もして、一家団らんでご飯を食べたいですが」

Q　：「実際はどうなっていますか」

IW：「実際に実行しているのは私だけで、夫は家のことをあまりしません。私が極力家のことをしています。」

さらに、BWさんは「周りの友達の大半の家庭では、男性が主な稼ぎ手で、家に帰ってから、なにもしません。そうではない人もいるかもしれませんが、多くの男性は仕事から帰ると、家事などはしないと思います」と語った。自分の家庭だけではなく、周りの友人の家庭でも夫の家事・育児参加が少ない。このような内容はEWさんのインタビューでも見られた。ほかに、家事・育児役割を夫に分担してもらっているケースもある。

CW：「私が仕事に復帰したのは早かったです。復帰した直後は残業が多かったので、子どもの世話をする時間が夫のほうが長かったです。自分は残業で夜まで働くが、夫は定時で帰れるので、私が帰るまで、子どもの世話をしていました。」
Q：「今はどうなっていますか。」
CW：「今は子どもを幼稚園に預けてもらっています。幼稚園にいる時間以外では、夫は子どもの勉強、私は衣食住の面を（担っています）。」

CWさんの場合は、仕事が終わるまで、夫が育児を担っていた。CWさんだけではなく、家事・育児について、夫や家族が期間限定で代わりに実行しているケースも散見される。しかし、そういった特別な状況が終わるか、または、選択できる外部の社会資源が見つかり、女性の負担可能な範囲内に至ったと判断されると、家事・育児の主な担い手は女性に戻る傾向がある。

第2節　80後女性の役割の遂行における葛藤

前節では、80後女性は仕事をしながらも、家事・育児を担っていることが明らかになった。本節では、稼得役割と家事・育児役割の遂行における80後女性の葛藤にはどのようなものがあるのかに着目し、分析する。

第1項　仕事と家事・育児の葛藤

まず、仕事と育児はしばしばトレードオフの関係に追い込まれていることが見られた。境遇や所持する社会資源の多寡によって、度合いは異なるが、仕事と育児における葛藤は当人のライフスタイルに影響を及ぼしている。前節で述べたように、CWさんは出産して間もなく、職場に復帰し、仕事と家事・育児のバランス調整を図りながらキャリアを築こうと努力している。さらに掘り下げると、出産前の妊娠段階から、仕事と家事・育児についての葛藤が既に存在していた。

CW：「当時は昇進のチャンスがあって、上司から将来の計画を聞かれました。私は正直に子どもを産むと答えました。案の定、昇進のチャンスはなくなりました。しかし、上司には、子どもを産んで復帰します、次のチャンスは私のものだと言いました。」

Q：「今は仕事と育児について、どのように考えていますか」

CW：（笑）「今は、仕事と家庭をできる限りバランスを取ってやっていくとしか言えません。転職もしました。年末評価の際に、上司に、母親として、会社員として、私は仕事と家庭のバランスを最大限取り、両方の期待に応え、家族が満足するまで頑張ると言いました。」

Q：「難しいところはありますか」

CW：「時間が足りません。」

出産と昇進がトレードオフの関係になる状況に置かれたCWさんは、出産し、復帰後にも仕事と家事・育児の調整で葛藤を抱えている。また、CWさんは出産までは仕事を続け、産休後に復帰したが、その後仕事を転々としている。CWさんが経験した出産と昇進、育児と仕事のトレードオフの関係について、同じ経験を持つＧＷさんはもっと詳しく語った。

ＧＷさんによると、女性は企業にとっては不都合な存在である。それは、女性は出産期間には仕事ができないにもかかわらず、給料を支払わなければならないということによる。また、子どもが病気になると、母親が休みを取ることが多く、より不都合な存在になり、昇進、昇給のチャンスも得られない。同期や後輩の男性が昇進したにもかかわらず、出産したＧＷさんだけ昇進させてもらえない。ＧＷさんの勤める企業は、女性はいずれ出産するとの考えを持ち、女性の採用を控えているようである。

その一方で、女性のエネルギーは、子育てに充てられることがしばしばある。ＩＷさんは以下のように語った。

Ｑ：「子育てと仕事、この両者はどのようにバランスを取っていますか。出産することは仕事に影響がありますか」

ＩＷ：「影響される、気を取られます。」

Ｑ：「具体的にどんな状況ですか、幼稚園のことですか。」

IW：「それもそうですが、大小すべての事に気を取られます。仕事にも影響しています。子どもがいない頃は向上心があって、やる気に満ちていました。今は子どもの事ばかり考えてしまいます。」

仕事を続けている80後女性は、仕事と家事・育児の調整について葛藤を持っている。一方、仕事を継続しづらい状況に追い込まれた協力者もいる。DWさんの場合は、妊娠した後にすぐ仕事を継続し難い状況に陥った。

DW：「（子どもができたことは仕事に）大きな影響をもたらしました。私の仕事は、基本的にすごく忙しかったのです。子どもができてからは、以前のように仕事できなくなって、胎児にも悪影響があるので、今まで通りに仕事が出来なくなりました。子どもが出来てから二年間、ほとんどキャリアに関して発展がありません。」

Q：「今はどのような状況ですか」

DW：「自分としては、専業主婦になったのと一緒です。仕事はしていますが、（中略）半分

休んでいるのと同じです。とてもイライラしています。でも、どう言えばいいのか、現在の自分にとって、子どもは仕事より重要だと思います。人生のこの段階にいて、ありがたいことに家庭環境や経済条件は比較的に良いので、この『ながら』スタイルを維持できています。」

仕事より、家事・育児を中心に選択したDWさんは、今まで頑張ってきた仕事を辞めたことに苛立っている。ここで、イライラを収束するために、外部のサービスを利用すればよいではないかと疑問に思うかもしれない。この疑問に対し、もう一人の協力者EWさんのインタビューから答えが得られる。EWさんは、お手伝いさんを雇い、自分は仕事だけに集中し、頑張ればいいという理想の考えを持っているが、それは現実的ではないと評価している。その理由として、子どもを出産後、程度はそれぞれであるが、子どもに愛着を持ち、触れたい気持ちが出てくるということ語った。

仕事だけに専念し、家事・育児を後回しにすることを完璧に実行できると考えるのは、理性的で合理的な人間像を前提にしたものであり、それが必ずしも現実を生きる人間のあり方と一致するとは限らない。それに加え、中国ではそうした外部サービスの質が保障できない点からも、現時点ではサポートを外部だけに求めることは難しいと考える。FWさんも妊娠の期間が長くなるにつれ、子どもへの関心がますます高くなったと語り、現在は仕事をせずに育児に専念している。しかし、主婦であるとはいえ、仕事と家事・育児の悩みがないとはいえない。FWさんは主婦になるまでの経緯を以下のように語った。

FW：「ずっとメイクアップアーティストの仕事をしていました。先生たちは上海、北京、全国の大都市を飛びまわって、講演したりして、達成感が強いでしょう。（中略）自分もそうなればいいなと思い、羨ましくてたまりません。（中略）今は仕事をしたくないという訳ではない。子どもが大きくなるまで、しばらく自分の夢を放置するしかありません。何かを勉強しなくてはならないと、時々考えます。しかし、子どもの世話をしながら勉強することはなかなかできない、あちこちに制限があり、悩んだ末、最後は子育てに専念しました。」

ＦＷさんは仕事と育児がトレードオフの関係となる状況に置かれ、現在、子育てを中心にやっているが、内心では自分のキャリアアップに繋がる勉強や、学習もしたいと思っている。それができないことに葛藤を覚える。同じように、ＨＷさんも仕事と育児の二者択一の状況に置かれ、子育てを選択した。しかし、今は主婦ではなく、在宅社員として働き、子どもが大きくなるまでしばらくキャリアアップを控えている。

第2項　夫婦間の葛藤

仕事を続けている80後女性は、自分が家事・育児を多く負担しているという自覚を持つことで、夫と自分との分担の状況が不平等であると認識していることが多い。ＡＷさんは夫の仕事がとても忙しいと語りつつも、現在分担の状況は完全に整っておらず、バランスが取れていないと問題視している。

ＡＷ：「（育児の時間）はあまりにもバランスが取れていません。言い争う人なら、もう既に離婚していると思います。子どもが生まれてから、夫の仕事が忙しく、（中略）一年

365日、休みは春節だけです。」

AW：「本来は（育児）半々でやるべきだと思っています。自分が半分やれば、彼も半分を行うべきで、そうして一つの家庭になります。今はアンバランス状態で、子どもはお父さんに会いたくてしようがない、お父さんに会うと異常なほど興奮します。お父さんがいると、特別な安心感を得られるようです。その光景を見て、気づきました。母親だけではだめで、父親の愛情もとても重要なのだと。」

AWさんには、夫の仕事を支持しようとする意思と、現在の分担のアンバランスな状態や、子どもへのよくない影響を心配する思いの間で、葛藤している様相が見られた。

夫婦の共同生活が長くなるうちに、夫への役割期待が徐々に変わる場合もある。DWさんの場合は、夫に対して最初は家事・育児役割を果たすことより、社会で活躍するほうを重視していた、結婚生活が続いていくうちに、家のことをもっとしてもらいたいというように気持ちが変化した。役割分担に対する期待が変化するにつれ、葛藤も生じた。今まで評価してきたやり方を否定し、「友達としてはいいかもしれませんが、夫としては評価できない」とDWさんは語っている。

一方、仕事と家事・育児を行い、家事・育児役割、稼得役割を果たそうとすることによって、夫婦の時間が少なくなり、夫婦関係を懸念している協力者もいる。ＥＷさんは過去と現在の関係を比較し、現在の葛藤状態を認識してしまった。

ＥＷ：「子どもが生まれてから、夫への関心がすっかり少なくなりました。二人だけの時間が少なくて、時間があれば子ども中心に行動します。子どもが生まれる前のような状態はほとんどありません。」

子どもが生まれる以前の状態について、ＥＷさんは下記のように語った。

ＥＷ：「当時は、土曜日、日曜日でしたら、九時まで寝ていました。起きたら、○市においしいもの食べに行こうと夫に言うと、自宅は高速道路の入口の近くにあるので、11時にはもう○市に着きました。そして、食べ終わって、眠いと夫に言ったら、またすぐ

家に戻れます。今はもうできないですね。その頃の二人は、垢ぬけていました。今では想像もできません。」

ＥＷさんの語りから、子どもが生まれることで、家事・育児役割の負担も多くなり、今までできたことができなくなり、夫婦関係に影響が及んでいる様子が見られた。

第3項　親族との間における葛藤

本研究の協力者のほとんどが多かれ少なかれ、家事・育児に関しては、親族とくに両親からの援助を受けている。これは80後女性当人にとって、資源であるとともに、家事・育児役割を遂行するにあたっての葛藤にもなる。本節では、葛藤となる側面を中心に分析する（資源である側面については、次節で述べる）。ＤＷさんはこの葛藤について次のように語った。

ＤＷ：「私は自分と夫がもっと子どもの世話ができればいいなと思っています。（中略）（自分自身の教育方針は）自分の母親や義理の母親の育児方針と違いますので。また、自

分の意志で産んだ子どもだから、（育児について）自分がもっと関わるべきだと思います。お年寄りは私と夫を子どもとして見ているし、一人っ子ですし、習慣的になんでもやってあげようとしているかもしれません。」

ＤＷさんは親との育児方針が異なっていることを示し、そして、自分の手で子どもを育てたいという意思を表明した。

ＤＷ：「もっと自分で子どもの世話をしたいです。親が私たちを心配していることはわかりますが、子どもを自分で育てることは苦にはならないと思います。」

ＤＷさんが妊娠する以前には、仕事が忙しく、土日祝日もないくらい仕事に熱中していた。夫と一緒にいる時間もないほど忙しいＤＷさんは妊娠してから在宅勤務になった。自分の生活の中心を家族に移行する過程で、親族の過度な参加は確かに子育ての力になった一方で、当人の役割遂行を妨げてしまうことにもなる。助けとニーズの不一致は80後女性の家事・育児役割遂行に葛藤をもたらしている。また、夫と自身の親との居住距離は遠くなく、（車約30分の距離）、両親に助けてもらえると想定したのに、出産する間際に状況が一変する場合もある。

HW：「仕事をしたくない訳ではないけど、代わりに子どもを見てくれる人がいません。ずっと思っていたのは、子どもが生まれたら、育児について双方の親から助けてもらえるということです。親たちはいつも、はやく子どもを産んでほしいと催促しました。子どもを産んだ後に、したいことを自由にすればいいと言ってた。しかし、実際に子どもが生まれそうな時期になったら、自分の親は仕事を続けたいと言うし、義理の両親の健康状態もよくありません。」

HWさんは結局、正規雇用の仕事を一段落させ、子育てを中心にしながらできる仕事に変えた。しかし、子ども産む以前と子どもが生まれた後の、親族の育児支援に対する態度の急変が気にかかってどうしても忘れられない。その他、FWさんは、突然病気にかかった父親の看病にため、それまでずっと続いていた母親による育児への援助がなくなった。親の育児支援は重要である一方、それだけを頼りすると、突然の出来事で頼れなくなった場合に、却って役割遂行の阻害、葛藤の温床になってしまうリスクがある。

また、親たちの指摘に対する葛藤もあった。仕事ばかりするのではなく、家に帰ってもっと家事・育児役割を果たすように説得されたのはEWさんである。家事・育児役割の遂行を指摘する姑に対し、葛藤を感じつつも、EWさんは自分のやり方を通している。

第4項　心身の葛藤

家事・育児役割を遂行するにあたり、80後女性たちは心身を消耗している。AWさんはこのインタビュー調査に答えることは気分転換になると認識している。AWさんは、現在の家事・育児役割遂行の状況を以下のように述べた。

AW：「本当に、毎日家にいて、生活必需品に囲まれて、子どもの世話、夫の世話だけなら、生活はとてもつまらないものです。」

産後休暇の間だけでも、AWさんにとって退屈であり、一刻も早く外に出たい気持ちが強かった。また、仕事をしながらも家族の役割を果たしているEWさんは「とても疲れる、疲労困ぱいだ」と現在の心身状態を評価した。他に、GWさんが、これからもう一人の子どもが欲しいかという質問に対し、「今まだ考えていません、とても疲れるからです。もう少し時間を空けて、この疲労感を忘れてから、考えるかもしれませんが、今は考えられません」と答えたように、精神面だけではなく、身体の負担にもなっている。家事・育児役割だけではなく、稼得役割の担い手にもなる80後女性は自分の心身の疲れに耐えながらも、個々人の生活を営んでいる。

第3節　役割遂行の意味づけと正当化におけるマネジメントと資源

前節では、主に「仕事と家事・育児の葛藤」、「夫婦関の葛藤」、「親族との間における葛藤」、「心身の葛藤」の四つの側面から80後女性が家庭内の役割分業を遂行する際に生じる葛藤を見た。本節では、まず80後女性が自分自身の果たしている役割に対し、どのように意味づけをするのかについて詳述する。次に、80後女性がどのように社会資源を用い、家族と相互作用のもとで役割を円滑に遂行しているかを検討する。

第1項　家事・育児役割と稼得役割の意味づけ

第2節で述べたように、80後女性は就業に執着しながらも、家事・育児の主な担い手となっている。時に、この二つの役割はトレードオフの関係となり、場合によっては互いに補い合う関係にもなる。したがって、ここでは、家事・育児役割の意味づけを述べるとともに、稼得役割の意味づけについても言及する。

①稼得役割の意味づけ

まず、稼得役割を果たすことは、家族の中における地位と関連するという認識が見られた。家事・育児役割を果たしているだけでは不十分であり、自分を養えるくらいの収入がないと、不安であるという言説が散見される。

ＨＷ：「女性は自分の収入がなく、自分の職業がなければ、家族の中における地位が高くならないと思います。お金を持っていそうに見えて、お金を使っているだけです。実際に、夫や夫の家族の中では嫁の地位は長く維持できません。夫が外で愛人を作る確率も高

くなります。」

このように、ＨＷさんは、女性の就業は核家族の内部における地位と夫の家族における地位に関係するだけではなく、夫婦関係にも影響すると考えている。また、自分の収入ではないお金を使用することに不安を持っていることがわかった。出産してから収入がなくなり、家事・育児役割だけを遂行する時の不安については、ＥＷさんが詳しく語っている。

ＥＷ：「男性に頼っていて、安心感がありません。自分で稼いだお金で買いたいものを買えれば、男性に頼らず、やましいところがなく心が安らかで、かつ自信を持てるようになります。あなたには今わからないかもしれませんが、出産してしばらくの間は、自信がなくなって、産後うつ病に似たような感覚でした。本当、自分だけじゃなくて、同級生のママと話しました。皆こんな時期がありました。社会とのつながりがなくなり、仕事から離れて、人生の方向も見えなくなりました。毎日家族のこと、日常生活のこまごましたことだけをしていては、自信が消えてしまいます。」

家事・育児だけに集中することは、ＥＷさんを不安に陥れている。自分の価値を給料の獲得、つまり経済的価値で証明できれば、自己実現でき、気持ちを落ち着かせることができる。ＥＷさんが「専業主婦の生活は自分の憧れではない。職業を持ち、やりたいことしたい」と宣言し、出産後間もなく復職したことも、この意識の表れだと考える。また、ＡＷさんの友人は家事・育児を主役で担っているが、収入が少なく、家族の生活は夫の給料で賄っている。これは友人にとって苦しみであり、この話題に触れると泣き出すことになる。「たとえ、全ての貯金を当人の口座に振り込んでも、自分の収入ではなく、屈辱的な援助にしか思えない」とＡＷさんが語っている。現在は専業主婦であるＦＷさんも同じように、「自分は社会に戻り、就業し、収入を得ながら夢を実現したい」と述べた。

稼得役割の遂行は80後の女性にとって、家族と親族内の地位、自己実現、個人の価値の表れであることにとどまらず、社会的地位にも関係し、自分の将来を確保する手段ともなる。このことについての、ＢＷさんの言説は以下通りである。

ＢＷ：「女性は、社会的地位と職業上の居場所を必ず持つべきです。家庭では妻としての役

割も重要ですが、いい夫に恵まれたらいい選択になります。しかし、女性はやはり仕事を持つべきです。仕事をする際に接している物事は、家庭ではなかなか触れることができないと思います。生活の範囲も随時拡大します。万が一、将来夫と別れることになったら、（専業主婦だと）全て失ってしまいます。そのため、女性が職業を持つことは自分への保護措置でもあります。」

女性にとって、家事・育児役割だけではなく、稼得役割の同時遂行も不可欠であるという規範意識を持っていることがＢＷさんの語りからわかる。

②家事・育児役割の意味づけ

以下、稼得役割を遂行することが家事・育児役割とどのように関係するか、稼得役割を果たすことはどこまで期待されるのかに触れる。そして、両役割の調整の具体的な様相を描き、家事・育児役割への意味づけを述べていく。ＢＷさんは、職業を持ち、稼得役割を果たすことの女性にとっての重要性を語りながらも、先ほど挙げた語りと反するように、女性と男性の役割分業が異なっていることも強調する。

ＢＷ：「男性は一家の家計を支えるべきです。女性は家事・育児役割を十分果たさないといけません。子どもや、双方の両親を世話する責任は女性にあります。女性は家事・育児はもちろん、両親の介護も含め、家族の世話をよく行った上で、自分の能力に応じて、仕事をし、自分の収入を得るべきです。」

ここでは、家事・育児役割の主な担い手は女性であるべきと語りつつ、家事・育児だけではなく両親の世話も女性の役割であるという考えが挙げられた。女性が家族より仕事を重視することはよくない、そのような役割分業は好ましくないと主張するのは、ＢＷさんだけではない。ＩＷさんも稼得役割は主に夫が担うべきと語り、仕事に集中し、家事・育児の時間を削ることについて否定的である。職場にいるキャリアウーマンに対しネガティブな評価をし、仕事ばかりするより、家事・育児役割の遂行が女性にとって重要であると明言する。ＥＷさんのような家事・育児役割だけでなく、仕事にもかなり力を注いでいる協力者もいるが、自ら少数派であることを認識している。

EW：「一般的には、女性は育児を主導し、男性は主な稼ぎ手になると思います。普通は皆このような役割分業でしています。」

Q：「自分の考えは、他の人と同じだと思いますか」

EW：「大まかには一緒ですが、一つだけ違います。自分の仕事は絶対に諦めたくないです。周りの女性は自分のキャリアを犠牲にして、専業ママになるか、80％のエネルギーを育児に充てるか、または転職して軽くて楽な仕事にするか、このようにしています。」

また、このことについて、下記のようなＩＷさんの語りもあった。

ＩＷ：「性別と関係があります。男性は、大雑把で、怠け者、家事をするのが嫌いです。子どもとのコミュニケーションも少ないです。女性は、感情が細やか、家事好きで綺麗好きです。男性と女性は、性格やほかのところが違います。以上のことに基づいて、

女性が家を繋ぎとめる主役だと考えています。」

ここで、なぜ女性にとって家事・育児役割の遂行が重要なのか、それを遂行する意義はどのようなものかについて、80後女性の考えを確認する必要がある。答えはＩＷさんによる理想となる女性像の語りから得られる。ＩＷさんの理想となる女性像は、「左手に仕事、右手に家庭」であるが、家庭を70％、仕事を30％のエネルギー配分にすべきだと言う。それは家族の心を繋ぎとめるのは女性の役目だからである。つまり、女性が家事・育児役割を遂行することにより、家族の繋がりが維持され、家族として存在し続けられると考えている。家事・育児は主要な役割、仕事をすることは副次的な役割というような、役割間の軽重構造関係も読み取れる。このように、80後女性のジェンダー意識に保守的な部分があることを、改めて確認できた。

第2項　考え方の是正による葛藤の正当化

本項では、葛藤を正当化する過程について述べる。第三節において、80後女性が家事・育児役割を遂行する際の葛藤を「仕事と家事・育児の葛藤」、「夫婦間の葛藤」、「親族との間における葛藤」、「心身の葛藤」と挙げたが、本項では葛藤ごとに正当化の過程を述べることはしない。これは一つの結果に一つの原因だけが対応するとは限らないからだ。また、葛藤と葛藤の間の関係は分断したものではなく、互いに繋がり、影響し合っていると考える。したがって、本項は第三節で提示した葛藤の四つの側面を統合的に捉え、80後女性が家事・育児役割遂行の現状に沿って、正当化する過程を提示していく。

80後女性は、仕事と育児がトレードオフの関係となる状況にあるが、育児が心身に負担をかけ夫婦関係へ影響を与える状態は、継続的ではなく、期間限定であると認識している。EWさんの場合、かつては、夫婦二人でグルメ旅行をすることを楽しんでいたが、子どもができてから夫婦二人だけの時間さえ、ほとんどない状況になった。EWさんは、趣味の中断が夫婦関係にも影響している現状に対して、好ましくないと考えている。しかし一方で、それを改善できる日がくるとも考えている。

Q　：「この状況は続くと思いますか」

EW：「子どもが三歳になると変わると、友人から聞きました。しかし、私は改善の日はもっ

と早く来ると思います。なぜかと言えば、子どもが日々大きくなるに連れて、現状も徐々に変わると思うからです。」

また、夫婦関係についてだけではなく、仕事に影響しキャリアを中断した80後女性も、現在の状況を一時的なものとして認識している。FWさんは、出産まで自分のメイクアップショップを営んでいた。現在は子育てに専念しているが、子どもが大きくなるまで自分の夢を放置するだけであるとの語りがあった。同じように、育児を中心にし、在宅勤務中のHWさんは仕事復帰をポジティブに考えている。

HW：「金であれば、どこでも輝けます[22]。実力があるのであれば、ほんの三年の中断で仕事ができなくなるわけはありません。キャリアを棄てる訳にはいきません。実力があれば、三年くらいは影響などないと思います。」

22　中国のことわざであり、優れた素質や才能がある者は、どこにいても価値を発揮できるという意味である。

また、将来のことについて、HWさんは下記のように語った。

HW：「子どもが入学してから、外で仕事したり、自分で起業したり、また元の職場に戻ることも考えていて、多分起業するかと思います。子どもが入学したら、時間的にも余裕ができると思いますが、いずれにしても母親は父親より育児にエネルギーや労力を費やすことになります。」

他に、DWさんも育児のため、在宅で勤務しているが、将来についての計画を持つ。子どもが幼稚園に入園した後にフルタイムで働くことを念頭に置いている。それは自分のキャリアだけでなく、家計の維持にも役に立つと考えている。このように、80後女性は現在の葛藤に縛られることなく、夢を将来に託すことによって、自分の考えを是正しながら現状の正当化を図っている。

家事・育児役割を果たしながら稼得役割を担っている現状に直面し、80後女性には心身の疲れや内心の揺れがあることが前節で確認された。この状態に対し、母親の育児参加がもつ子どもへのメリットの再確認が行われ、現在の役割分担に対する反省にもなっている。

FW：「妊娠してから自分の考えが徐々に変わりました。子どもはとても重要な存在だという気持ちを持つようになりました。（中略）自然に育児に集中し、仕事をする気も減りました。集中しないと、仕事もうまくいかないので、辞めたほうがいいのかもしれませんね。」

ほかに、HWさんによる現在の役割分担についての語りがある。

HW：「現在の役割分担は自分の家庭にとって最も適していると思います。なぜかと言うと、子どもを自分の親に預けたら、生活や食事、生活習慣上はよろしくありません。やはり、自分の子どもは自分で育てたほうがいいです。」

このように、現在の役割分担の再確認行為をし、役割分担の他の分担形式を棄却することによって、現状が合理的であることが確かめられた。FWさんの場合は仕事と育児の葛藤、HWさんの場合は親に対する葛藤を、自分の中で是正した。このような再帰的行為が、80後女性の自分自身の現状に対する認識を正当化することに繋がっていると考える。

第3項　役割におけるマネジメントと資源の活用

前項では、80後女性が自分の考えを是正することによって、現状の正当化を図る過程を提示した。正当化における過程には、役割遂行のマネジメントも欠かせない要素であるため、本項では、まず、核家族成員である夫とどのようにコミュニケーションを取るのかなど、核家族内における役割調整の過程について述べる。次は、親族資源と職場資源の調達を中心に、社会資源の活用の詳細について述べる。

80後女性と配偶者の間では役割分担について、合意達成を目指してコミュニケーションが行われた。育児は、互いにとって新たな挑戦であり、未熟ながらも家族関係の維持を工夫している姿が見られた。

CW：「子どもが幼稚園に通い始めてから、互いの気持ちを通じさせるための会話が多くなりました。親になったのは初めてですし、勉強しながら子どもを育てているので、問題があれば、まずコミュニケーションを取って調整します。いきなり、やり方を決めることはしません。」

また、DWさんは夫とのコミュニケーションについて下記のように語った。

DW：「比較的、冷静に話し合って問題を解決します。喧嘩するより、落ち着いて穏やかに意見を交わします。家庭をよくするために、自分の意見を交換し、問題を解決する方法を話し合います。だれが間違っているか、改善する方法を探します。（このようなやり方は）いいと思います。」

話し合うことへの効果はそれぞれであり、80後女性の対応もそれぞれである。例えばGWさんは夫の育児参加は当初は消極的であり、実家での生活全般の世話は全て親にしてもらった。

しかし、子どもが生まれてから、CWさんが夫に対し、家事・育児を教えて、現在に至った。また、子どもが自分に愛着しているEWさんの場合は、育児をする分、夫に家事をしてもらっている。一方、GWさんの場合は、夫の仕事が非常に多忙であるため、家事・育児についてさらに要求せず、自分が多めに担っている。積極的に配偶者の育児を要求するCWさんやEWさんもいれば、配偶者の仕事の現状に配慮するGWさんもいる。いずれにしても、自分と相手の役割のバランスを配慮したマネジメントを行っていることを示している。なお、夫への評価の詳細および、それに対する夫の対応の詳細は、第5章の相互作用部分にて述べる。

家事・育児をするにあたり、親族の資源と職場資源を活用することも欠かせない。80後女性が家事・育児役割を担いながら、仕事ができることには、親族による育児支援が重要な役割を果たしている。また、育児を親に分担してもらうことによって、気分転換の機会を得られ、気持ちのリフレッシュに繋がり、夫婦関係の維持、精神面の維持にも役に立つ。

EW:「子どもができる前には、私たち(EWさんと夫)は自分がやりたいことに集中していました。子どもが生まれてからは、片方が家のことにエネルギーを割くようになりが

ちです。一般的には、女性です。自分の場合、キャリアを犠牲せずに済んだのは、双方の親に助けてもらえたからです。これによって、仕事への影響が少なく済みます。」

また、ＡＷさんは下記のように語った。

ＡＷ：「今はこのような状態です。土日の場合は、土曜日は私が子どもの世話をするが、日曜日は、母に見てもらうことにしています。その間に友達を誘ったり、遊んだりして、気を紛らわせます。日々、仕事と育児の繰り返しなら、顔がくすんで老けてしまい、生活もつまらないと思います。とても続けられません。」

ＡＷさんの場合は、職場、自宅と実家の間を往復しながら、仕事と育児が続けられたのには、友達と一緒にいる時間や自分の時間があることが大きな支えとなっている。ＢＷさんの場合は自分と親が主に育児を担っている。親に育児の一部を分担してもらうことによって、家族みんなが力を合わせ、家庭を維持していると思うようになる。親の援助は多かれ少なかれ、自分だけ家事・育児をしているような気分になりにくいという効果をもたらし、気持ちの安定にもつながった。

一方、HWさんは親の都合があり、育児に対する援助は少ないが、職場の資源を利用することで、上司の柔軟な対応が得られた。

HW:「子どもが生まれてから、仕事の都合と家庭の都合もあって、離職することを迫られました。一度離職しましたが、上司に相談して、得意先を維持できればという条件で、毎日会社に行かずに、在宅で勤続することを許してもらいました。」

80後の女性は仕事をする一方で、家事・育児の主な担い手でもあるため、仕事と家事・育児間の葛藤も大きい。このような状況に応じて、積極的に会社と相談し、職場資源を使って、自分のキャリアを維持しようとする行動が見られた。

ほかに、育児の悩みや人生の悩みについては、「親が私より多く知識を持っているとは限りません」(HWさん)と語り、親の意見を聞くよりインターネットで検索し、育児アプリや若者のチャットグループに問いかけていた。身近な悩みがある際に、近くにいる家族より外部に頼っているケースが見られた。

第4節　80後女性のライフスタイル及び夫との相互作用

本節では、まず第1節から第3節でみられた80後女性の役割遂行の現状、葛藤、意味づけと調整を概観する。次に、80後女性のライフスタイルをタイプ別に分類し、各タイプの役割遂行の特徴を提示する。それとともに、夫からの評価の視点を取り入れつつ、役割遂行における夫婦間の相互作用を述べる。

第1節では、80後女性は家事・育児分担の主役でありながら、稼得役割も果たすという、リベラルな役割分業の現状を確認した。第2節では、仕事と育児のトレードオフの関係と職場の男性重視の風土が相まって、仕事と家事・育児の葛藤が一層増す様子を見てきた。夫婦の役割分業と夫婦関係の葛藤については、夫の家事・育児役割への期待によるものや、夫婦の時間が少なくなったことによるものがあった。親族との間では、子育ての援助に関しての親族の意志の変化、親役割が代替される不安、姑のもつ役割規範などにより葛藤がもたらされていることが明らかになった。最後に、育児には体力と精神力が必要であるため、心身が消耗するという葛藤も生じていることが見られた。

第3節では、現状と葛藤に対する80後女性の意味づけ、また、現状を正当化するプロセスについて述べた。まず、意味づけについては、家事・育児役割遂行は80後女性にとって、家族関係を維持するために欠かせない行為であり、女性の本業であるとの認識を持っていた。次に、稼得役割遂行については、自己実現、個人の価値、家族内の地位、夫婦関係に関わるものと認識され、将来の保障措置として意味づけられていた。この両役割を同時遂行することは重要視されていたが、とくに家事・育児役割に重きを置く傾向が見られた。そして、現状を正当化するにあたり、自分の考えを是正していた。具体的には、仕事に対する抱負を将来に託すこと、現在の役割分担の合理性の再確認をすることが挙げられる。また、役割におけるマネジメントと資源の活用について、夫への役割分担の交渉や職場との交渉が見られた。さらに、親族の援助が家事・育児と仕事の同時遂行に重要な機能を果たしていることを確認した。

以上の結果から、80後女性のライフスタイルは、「二重役割型」と「家事・育児型」の二つに分類できた。

①「二重役割型」の80後女性

「二重役割型」の80後女性（ＡＷさん、ＢＷさん、ＣＷさん、ＥＷさん、ＧＷさん、ＩＷさん）は「女性は家事・育児中心にすべき、男性は稼得役割を担う」というジェンダー意識を持つ一方で、稼得役割は家族における地位、自己実現と関係するものと認識している。しかし、夫は妻の就業を肯定するものの、稼得役割について、必ずしも妻の自己実現につながるものとして意味づけしていない。ＡＷさんの夫であるＡＨさんは下記のように語った。

ＡＨ：「女性が家庭主婦としてずっと家にいるのはよろしくないです。時間が長くなると社会とのつながりが切れてしまいます。稼げる金額は別として、自分の仕事を持ったほうがいいです。（中略）現在は自分の家庭でもそうですが、自分のほうは稼ぎ手で、妻のほうは仕事を持って、社会とのつながりがあれば、いくら稼げるのかは気にしません。妻外の世界に接する機会として、仕事を持てばいいです。エネルギーをもっと家のほうに注いでもらいたいです。」

ＡＷさんの夫は妻の所得を期待せず、妻の就業を社会とのつながり作るため、余暇のようなものとして意味づけしていることがわかる。ＢＷさんの場合も夫婦共通の話題を維持するため、として夫に意味づけされている。その一方で、ＣＷさんの夫ＣＨさんは婚姻の脆弱性の視点から、妻も含め女性の就労について語った。

ＣＨ：「女性は収入があった方がいいです。配偶者や家族に依存してはよくないです。今は女性が節を守り再婚しない時代じゃないから、未来には色々な可能性があります。女性が他人や家族に依存すると、結婚に問題があった時、重大な問題になります。やはりある程度収入があったほうがいいとは思います。」

また、ＥＷさんの夫であるＥＨさんも下記のように語った。

ＥＨ：「自分の生活圏、経済の自立が必要です。配偶者に依存すると、現在の現実的なことを重んじる社会的な雰囲気のなかで、（結婚は）長続きできないです。維持できても、

受け身で、心身ともに疲れます。私はそう思います。」

ほかに、女性の就業は子どもの自立に影響をもたらすと述べるＩＷさんの夫ＩＨさんは下記のように語った。

ＩＨ：「中国の現在の社会体制において、家計からも、子どもの教育の角度からも、女性が就業すべきで、女性が自立しなければ、子どもにも（よくない）影響をもたらす（後略）」

このように、夫は妻の就業について、奨励すべきものとして意味づけしているが、必ずしも女性ほど重視してはいなかった。

その一方で、80後女性は家事・育児役割の遂行が仕事の継続や昇進にマイナスな影響をもたらす現実の中、仕事を転々とする場合でも、稼得役割を果たそうとしていた。また、妻は自分の稼得が夫より少ない場合、稼得の不足に罪悪感を持ち、自分の不足を補うため家事・育児に力を注ごうとしている。仕事と家事・育児の二重役割負担の状況に追い込まれやすく、その結果として、妻はこの状態をアンバランスであると認識し、心身の疲れを感じてしまう。

このとき、夫婦間のコミュニケーションを通して夫に積極的な育児参加を要求する、職場の外部資源を利用するなどのマネジメント行動も行われた。しかし、マネジメント行動は順調に行える場合もあるが、そうではない場合もある。80後男性の夫による妻の稼得に対する意味づけの傾向を踏まえると、妻からの育児参加への要求に対し、必ず応えられるものではないと考えられる。仕事と家事・育児へ注力する結果、夫婦二人の時間が減り、夫婦関係に懸念をもたらしてしまう場合がある。

②「家事・育児型」の80後女性

「家事・育児型」の80後女性（DWさん、FWさん、HWさん）は、自身のキャリアアップを棚上げにし、家事・育児を中心にしている。しかし、近い将来に必ずフルタイムの勤務に戻ることや自分の事業を展開するといった展望を持ち、進行する計画も立てている。「家事・育児型」の80後女性の夫も妻と同様に、女性が就業すべきとの考えを持っている。DWさんの夫DHさんは女性の就業について下記のように語った。

ＤＨ：「社会は進んで、文化レベルの高い社会になっています。男女平等社会では、女性は男性に依存してはいけません。自分の仕事を持って、（経済的に）自立すべきです。」

また、ＦＷさんの夫ＦＨさんには下記のような語りがあった。

ＦＨ：「女性も社会に出て、仕事を持つべきだと思います。もう『表門からも二の門からも外へは出ない』の時代ではありません。社会に出れば、自分の生活圏を作れます。そうでなければ、家に引きこもって、社会とのつながりも次第になくなり、家では夫婦喧嘩になりやすいです。私は共働きすべきだと思います。（女性は）キャリアアップできるかどうか別として、やることを持ったほうがいいです。」

このように、「家事・育児型」80後女性の夫は女性の就業の重要性を強調している。このタイプの80後女性は、保守的なジェンダー規範に沿い、家事・育児は妻がやるべきものとして認識し、それに専念している。しかしながら、引用した夫の語りからわかるように、「家事・育児型」女性の夫は、家事・育児を評価しながらも、女性の就業の重要性を強調していることがわかる。このタイプの女性が仕事復帰への期待を強く持つことには、夫の考えに鼓舞されている部分があるといえるであろう。

このタイプの80後女性自身も稼得役割は自ら遂行すべきものであると認識している。キャリアアップの未達成感の葛藤を持ちながら、「家事・育児型」の80後女性はキャリアアップできない喪失感を抑え、フルタイムの勤務を辞め、家事・育児役割のほとんどを担っている。

このように、80後女性の役割遂行は夫のどのような意味づけのもとで展開されているのかを確認できた。

第5節　70後女性との比較

80後女性ライフスタイル選択過程の特徴を明らかにするため、本節では役割遂行現状、葛藤、調整の三つの側面から70後女性のライフスタイルの選択との比較を行う。

第1項　役割分担の現状について

子どもの年齢に応じて、育児にかかる時間や夫婦の役割分業も変わるため、70後女性に質問する際には、乳幼児期の家事・育児役割状況と現状とを分けて聞いた。ここでは乳幼児期における役割遂行を中心に比較する。

80後女性と同じように、70後女性は役割分担について平等に行いたいとの願望を持っている。70後女性であるPWさんは、「男は外、女は内」というようなジェンダー規範を批判し、自分の家庭ではできるだけこのような分業を避けていると強調する。実際の遂行状況を確認すると、「願望」と「行動」の乖離が目立つ。PWさんの場合は家事分担について夫と協力しているが、育児に関しては自分が中心に行っている。MWさんの場合はキャリアを一時的に中断し、育児を中心にしていた。

MW：「（夫の育児参加は）とてもとても少ないです。子どもが三才になるまではほとんど家にいませんでした。（中略）、帰ってきても、子どもは夫に対して、親しみがなかったです。今でもそうですが、子どもはなにかあると、私のところに来ます。」

夫と別居していたため、別居状態であった乳幼児期から同居にしている現在に至るまで、家事・育児役割を担っている主役はMWさんである。このように、母親が主役で家事・育児を遂行する状況は80後女性と類似している。

第2項　役割分業における葛藤

①　仕事と家事・育児の葛藤

80後女性は仕事と家事・育児の遂行に葛藤を抱えていることもこれまでで明らかになっている。80後女性にとって、仕事と家事・育児がトレードオフの関係にあるのに対し、70後女性は仕事と家事・育児役割の同時遂行に疲れていることを訴える。80後女性と比べ、70後女性の葛藤には、会社の都合や昇進に関わることより、時間が不足することに高い比重が置かれている。

OW：「子どもが病気にかかった時は、罪悪感があります。（中略）生活は続いていく。子どものため仕事を放棄する訳にはいかないです。」

また、NWさんも下記のように語った。

NW：「（仕事と家事・育児に）悩んだことはありません。時に疲れを感じます。どうして全て担わないといけないか、時に考えてしまいます。」

70後女性は仕事と家事・育児に「疲れた」が、「疲れ」について具体的な表現が見られなかった。そして、80後女性のように、葛藤の原因を二重役割の同時遂行によるキャリアへの影響や、職場の家事・育児への支援意識の低さに帰責していない。したがって、70後女性は80後女性ほど、仕事と家事・育児の遂行とを、鋭く対立する関係だと思っていないと考えられる。この理由は家族育児支援や職場の対応、外部施設などの資源と関係している。この点の詳細は、マネジメントと資源の部分で述べる。

② 夫婦間の葛藤

80後女性は家事・育児の分担において、夫とのバランスが取れておらず、問題視している。

この点について、70後女性は以下のように語った。

MW：「（前略）洗濯ものを頼んでも、やると答えても、やらないままです。一日過ぎても、二日過ぎても、やってくれませんでした。我慢できなくなって、自分で洗濯してしまいました。」

NWさんはインターネット上のはやりのことばを紹介しながら、育児分担の状況を語った。

NW：「ネットで話題になった言葉、偽シングルマザー、私たちはこの言葉にぴったりです。子どものクラスメイトのお母さんも言っていました。中国で最も楽な職種は何？パパです。」

このようなアンバランス状態について、80後、70後女性ともに見られた。しかし、80後の場合では、夫の変化に対する期待を持ち、夫の家事・育児参加を自ら要求している。その一方で、

70後は夫婦間の信頼関係を強調し、アンバランス状態に対する対策について、相手を変えることより、自分の行動で現状の悪化を防ごうとしていた。上記の洗濯の語りはまさにそうである。また、育児における父親の不在を補うため、70後女性はより育児に励む行動も見られた。その他、夫婦二人の時間が不足するという語りも見られなかった。

③ 親族との間における葛藤

80後女性の親族関係における葛藤の対象は直近の親族であり、いわば自分の両親、夫の両親である。親族の考えの変化や、役割分担に対する指摘から葛藤が生じていた。一方、70後女性に見られた親族における葛藤の範囲は80後よりはるかに大きく、時に職場の上司にまで及ぶ。NMさんは自分の経験について以下のように語った。

NW：「（結婚した後に）夫の家族と付き合うことになって、相嫁との付き合い、兄弟姉妹との付き合いもあります。結婚したら、とても複雑な関係になります。お姑さんと意見が一致しない時に、夫は自分の味方になると思った途端に、お姑さんの味方になります。（中略）友達もそうですけど、お姑さんと一緒に住んで、喧嘩になったら、お姑さんは

直接単位（会社）の上司に文句を言いに行きます。姑と嫁と、もう一緒に住みたくないと言っています。」

姑の指摘に対し、NWさんは自分から譲歩することを強調する。葛藤して争論するより、家族の感情を維持することが最優先に考えられている。また、親戚の往来も頻繁であることから、NWさんは中国社会を情理社会と名付けている。他に、女児を持つ70後女性の親が、男児を産むことを求められてプレッシャーを感じるものの、身体状態がよくなく、親の要望に応えられず、葛藤するケースも見られた。

④　心身における葛藤

家事・育児役割を遂行することによって心身が疲れている状態は80後、70後女性に共通して見られた。80後女性の「育児は退屈」、「つまらない」のといった、精神面を重視する表現に対し、70後はどちらかと言えば、年齢の影響も考えられ、体力面での疲れについて語った。

OW：「子どもが病気になった時は本当に疲れを感じます。体にとにかく疲労感があって、意余って力足りずといったところ。」

PWさんも同様なことを語った。

PW：「（前略）ママは相当疲れます。家族の中で、最も疲れているのはママです。子どもの全てを考えなければいけません。夜は子どもの世話、昼は子どものほかのこと。」

このように、子育ての過程において、心身の疲れが見られたが、育児自体についての消極的な評価はなかった。ほかに、各時代の医療環境に影響されるものではあるが、出産時の痛みを訴えた協力者もおり、当事者は現在でもその痛みを感じていると体の負担について語っていた。

第3項　家事・育児役割の意味づけと葛藤の正当化

①　家事・育児役割と稼得役割の意味づけ

80後女性は、核家族内及び夫の家族の中における地位について、仕事の有無や収入の金額によるものであるとの考えを持つ。自己実現は給料の取得を通して果たすものであると、稼得役割を意味づけしている。家事・育児役割について、それは自分の本業であるため、遂行すべきであるというような規範意識が見られた。同時に、この二つの役割の同時遂行も強調された。同じように、70後女性も稼得役割の遂行が重要であると述べた。

MW：「仕事がないと、不安になります。万が一何かあったら、本当に不安でしようがない。」

MW：「自分の努力がとても重要です。女性として、少なくとも職業を持つべき。キャリアのプランを持つべきです。」

MWさんは一年あまり仕事を中断した経験を持つ。この経験を通して、自分にとっての仕事の意味づけを考えさせられたようである。しかし、仕事から安心感を得られることを主張しながらも、「女性には自分の収入があることは重要ですが、沢山お金を稼ぎ、夫と同程度稼ぐ必要はありません」と語り、子どもの成長を見守ることに関心を置くべきだと主張している。ここでは、80後と70後女性で仕事に対する価値観の違いが見られた。70後にとって仕事が重要であるという考えは、不安を紛らわすために生じているのに対し、80後は仕事が自己実現に繋がる点を強調している。70後であるQWさんは仕事より家族を重視するという位置関係を以下のように語った。

QW：「女性として、まあ、女性も男性も家庭を重視すべきだと思います。この間、（この話題について）夫と話しました。○○社の役員が仕事で自殺したのは話題になったよね。その女性はキャリアウーマンですね、役員になったのは大変頑張ったと思います。仕事で自殺するなんてね、家族を裏切って、本当に値打ちがありません。どんな仕事でも、あなたじゃないとまわらない仕事などないと思います。でも子どもが母を失ったら、取り消すことのできない一生の傷になります。だから、やはり家族は重要です。仕事

がいくら重要だとしてもね、健康な身体をもって、はじめて家族に奉仕できると思います。」

また、女性が家族関係の維持に重要な役割を果たしていると評価しており、現在の役割分担は伝統に沿ったものであるとの考えを持っている。

PW：「どの家庭にとっても、お母さんは重要な役割を果たしていると思います。家庭のことは主にお母さんが中心にやっています。女性は細かく、一般的には、男性は家のことをあまり考えません。子どもの食事や、週末のスケジュール、基本的に女性が全て管理しています。」

同じように、OWさんは下記のように語った。

OW：「夫婦二人の子どもです（お母さんだけの子どもではありません）。（中略）今の若者

の男性たちは子どもの世話について、私たちの世代より行っていると思います。私たちの世代はまだ伝統に沿ってやっています。」

このように、70後は自分が「伝統的な」ジェンダー規範に沿って、家事・育児の分担をしていると認識している。また、70後の女性は仕事に対し、女性らしい仕事を追求する意識がある。それは保守的なジェンダー規範と相まって、昇進、キャリアを追求する意欲が抑えられ、家事・育児を当為とすることの正当性に繋がっている。

② 考え方の是正による葛藤の正当化

この点について、80後女性は現状を暫定的なものと認識し、そして、現在の役割分担の合理性を再確認することを通して、考えを是正している。70後女性は夫の家事・育児参加が不足しているという認識はあるものの、変える欲求が高いとは言えない。それに伴い、現状に対するマイナスな認識があるが、夫婦間の役割分担について、慣れ、妥協、互いの理解を強調する。例えば、PWさんは家事・育児を主役となってやっていると認識していると同時に、夫の参加も高く評価する。夫が日頃から参加することは望んでおらず、参加があれば、夫が家事・育児に協力しているものとみなしている。

PW：「二人が互いに信頼することが重要です。信頼することがとても重要、互いに疑うことはよくないです。互いに大目に見ることが大事ですね。私たちは平凡な毎日を暮らしています、生活は本来平凡なものだね。平日は仕事で疲れたりするが、土日があるので、そこまで疲れていません。二人の夫婦関係のバランスをどのように取るのかというと（中略）、互いに妥協し合い、互いに思いやりを持つことが重要です。」

また、家事分担について、ＰＷさんは下記のように語った。

PW：「慣れたので、夫は家に居ても、（家事・育児は）自分にあまり関係ないと思っているらしいです。私が日用品や野菜などの買いものもやっています。」

ＰＷさんは慣れたことを強調した。70後において、現状は事実であり、変えるより受け止めることを前提にする傾向が見られた。また、70後のほうは比較的に余暇が多いため、互いに配慮することができたのだということが語りから推察できた。

③　役割におけるマネジメントと資源の活用

80後女性は家事・育児の分担について、夫とコミュニケーションを取っている。積極的に配偶者の家事・育児の参加を要求する場合もあれば、配偶者の仕事現状を配慮し自分が家事・育児の大半を負担するようにする場合もあった。70後も家事・育児について夫とコミュニケーションを取っているが、その内容は80後女性と異なっている。前述のように、70後のコミュニケーションは受け身傾向である。

社会資源の活用について、80後女性は親族に育児を支援してもらい、また職場にも相談し、職場の資源を動員している。この点について、70後の女性は、親族の援助はもちろんのこと、外部資源も豊富であり、さらに職場の資源も80後より充実していた。

PW：「子どもが生まれた後は、義理の両親が育児的に積極で、私に回ってこないほどでした。」

PW：「ベビーシッターさんも雇い、お姑さんもいるので、とても疲れることはありませんでした。」

PWさんは親の援助と外部資源を利用し、育児を行っている。また、NWさんは資源の活用について下記のように語った。

NW：「お姑さんに子どもの世話の手伝いをしてもらいました。（入院している）一ヶ月間毎日、退院した後も、午前中に来てもらいました。」

他に、OWさんの場合は、何かあれば、親戚に声をかけると語り、NWさんの場合は、幼稚園の送り迎えを隣人と協力して行ったと述べた。70後女性は、親族だけに限定せず、同じ宿舎団地に住む人、ベビーシッター、友人、様々の外部資源があり、それらを活用していた。また、職場資源が豊富であり、産休が取りやすく、キャリアや仕事に関する精神的な負担も80後女性ほどない。幼稚園の立地とサービスの充実に満足するとの語りも目立つ。NWさんの場合は「幼稚園の開園期間が長く、朝早く子どもを預けてから出社し、一日三食全て幼稚園で賄い、一日の時間分配を自由に」できた。その上、幼稚園は会社の内部に設置しているため、会社と幼稚園の往復も便利である。

他に、QWさんは育児に困った時や、子どもが病気になった際の対応について、下記のように話していた。

QW：「育児についてお年寄りに聞く場合が多いです（中略）。その時はネットが普及してなくて、本を読んだりもしましたが、病気の時はお年寄りの経験を聞きました」

このように、育児や子どもが病気の際に、親の経験を聞いていたとQWさんは語った。80後はネットサービス、アプリを活用しているが、70後は親の経験に頼っていた。

以上、70後女性と80後女性の家事・育児役割、稼得役割の遂行状況、意味づけ、遂行する際の葛藤、正当化する過程において、類似点と相違点を提示しながら比較した。

第4項　まとめ—80後女性ライフスタイル選択過程の特徴

本項では、80後女性と70後女性のライフスタイル選択の過程における世代間相違点を考察し、本研究の対象である80後女性の特徴を可視化する。

80後女性と70後女性の役割遂行の各次元について、表3にまとめた。表で提示したように、「稼得役割と家事・育児役割遂行現状」について、両世代の女性は類似しているとわかる。しかし、それに対する意味づけを見ると、80後女性は稼得役割遂行を通して、自己実現を期待していることがわかる。また、稼得役割を遂行する反面に、家事・育児役割の当為性について強い意識を持っている。さらに、夫に家事・育児参加を要求し、夫婦関係の維持や改善も期待していることから、現状に対する不満がうかがえる。80後女性はこの状況は暫定的とし、かつ現状に対する省察を通して役割遂行の正当性を見いだそうとしている。

しかし、親以外の外部資源が比較的乏しく、職場の柔軟性も欠けているため、前述した自己実現や夫婦関係の改善などの期待を叶えるための、外部から支援が得られないことが懸念される。親の育児援助をもらえない場合は離職しがちであり、たとえ、親から育児支援を得て復職できても、キャリアアップに繋がりにくく、結局転職する傾向がある。家事・育児役割の遂行は当たり前のこととして、仕事を転々としても稼得役割への執着が衰えないのは、稼得役割の遂行を通して自己実現や、家族内の地位が維持できたという意識によると考えられる。したがって、専業主婦には稼得役割の未達成感、正社員には家事・育児役割の未達成感があり、80後女性は葛藤が大きく、精神的に追い込まれやすいと考えられる。

その他、80後女性は葛藤あるいは困惑する際に、年配者の経験は通用しないと認識する傾向にあり、IT機器を通して専門家また同様な境遇の者に相談する。そのため、情報の選別能力が要求されると同時に、リスクも抱える。以上が、80後女性のライフスタイル選択の過程の特徴である。

表3.80後女性と70後女性の役割遂行概観

	80後女性	70後女性
稼得役割と家事・育児役割遂行の現状	稼得役割：積極的に遂行 家事・育児役割：主な担い手	稼得役割：積極的に遂行 家事・育児役割：主な担い手
稼得役割と家事・育児役割の意味づけ	稼得役割：家族における地位、自己実現 家事・育児役割：主要役割 二つ役割の関係：同時進行すべき	稼得役割：遂行すべきだが、補助的 家事・育児役割：伝統の遂行、当為性が高い 二つ役割の関係：同時進行すべき
仕事と家事・育児の葛藤	仕事と家事・育児がトレードオフの関係と認識	疲れを具体化できない
夫婦間の葛藤	バランスを問題視、夫婦だけの時間を欲求、現状改善	信頼関係を強調、現状維持、悪化防止
親族との間における葛藤	親から役割分担の指摘	親族範囲広い、男子を生む要求
心身における葛藤	精神面に集中	身体面に集中
考え方の是正による葛藤の正当化	現状の暫定性の認識と役割分業の合理性を省察	妥協、互い理解を理想に
役割におけるマネジメントと資源の活用	マネジメント：合意達成ためのコミュニケーション、積極的に要求 資源の活用：親の育児援助、職場（自ら相談）、IT機器利用	マネジメント：受け身傾向 資源の活用：親族だけに限定せず、外部資源が豊富、会社の福祉厚生が手厚い

注：80後と70後で相違する部分については下線で示した。

第5章　80後男性の役割遂行と意味づけ

本章では、子どもを持つ80後男性が稼得役割と家事・育児役割をどのように意味づけし、遂行しているのかを検討する。また、それを遂行する際に生じる葛藤に対し、80後の男性たちがどのような社会資源を用い、他者との相互作用のもとで葛藤を正当化するかについて考察する。そして、80後男性の役割遂行をタイプ化し、妻からの評価を取り入れ、役割遂行における夫婦間の相互作用を検討する。最後に、70後男性の比較を通して、80後男性のライフスタイルの選択過程の独自性を可視化し、その特徴の解明を試みる。

第1節では、80後男性の現在における役割分担の遂行について述べる。第2節では、稼得役割と家事・育児役割を遂行する際に、80後男性にはどのような葛藤があるのか、その詳細を提示する。第3節では、第1節で提示した役割遂行に対する意味づけを確認した後、第2節で提示した葛藤を正当化する過程を明らかにする。そして、役割を遂行するにあたり、当人が行ったマネジメントと用いた社会資源とを検討する。第4節では以上三節をまとめながら、80後男性の役割遂行のタイプ化を図る。そこで妻からの評価を提示し、役割遂行における夫婦間の相互作用を述べる。第5節では、80後男性と70後男性を「役割の遂行状況」、「葛藤」、「意味づけと正当化過程」の三つの視点から比較する。

第1節　80後男性の役割遂行の状況

本節では、80後男性の家庭内における役割分業の遂行の状況を明らかにすることを目的とする。稼得役割とともに、家事・育児役割の遂行についても述べる。

第1項　リベラルな家事分担

80後男性の語りからは仕事に力を注ぎ、かつ多忙であり接待も多い印象を受けるが、自身では家事を放棄せずに分担していると評価していることがわかる。家事について夫婦二人で協力すべきという認識を持ち、さらにそれを実行していると考えている場合もある。分担を明確に決めず、得意な家事を担当しているとの語りも見受けられる。

GH：「誰が何をやるべきというより、一緒に分担したほうがいいです。疲れた時に休んでいいし、一緒に家事をしています。男性だけする、女性だけするなど、はっきり区別はしていません。」

このことについて、BHさんも下記のように語った。

BH：「結婚した後は、食事作りは二人とも不得意ですが、妻が食事作り、私が皿洗い、妻が床を箒ではき、私が床を拭きます。基本的に、お互いに協力してやっています。」

時間のある方が家事をすると語るケース（DHさん）や半分ずつ分担していると語るケース（FHさん、EHさん）もみられ、80後男性には家事に参加している様子が見受けられる。BHさんのように、種類に関係なく家事をするケースはあるが、性別により家事を分担するケースも見られた。例えば、GHさんは、自分は力仕事を担当し、妻は細かい家事を担当すると語った。このように、80後男性は仕事をしながらも、家事を積極的に行なっているとの自己認識を持っている。

第2項　育児参加の欠如

80後男性においては、多かれ少なかれ、家事参加に積極的な姿勢が見られた。しかし、育児については、妻が多く行っている場合が多い。この状況は以下の80後男性の語りから明らかである。

Q：「子どもが生まれてから、どなたが育児を担っていますか」
IH：「妻のほうですね。」
Q：「比率で言えばどんな感じですか」
IH：「大体ですが、妻のほうは少なくとも80%、自分は年中出張が多いので、外にいる場合が多いです。」

育児について妻と自分の分担についてEHさんは下記のように語った。

Q：「子どもが生まれてから、育児についてどちらが多く担っていますか?」

EH：「妻です。」

Q ：「どれくらいの割合でやっていますか？」

EH：「自分は30％くらいです。」

80後男性は仕事が忙しいため、まとまった時間を育児に使うことが難しいという事情があり、本調査では、BHさん以外の家庭では主に妻が育児を担っていることがわかった。例えば、CHさん夫婦における比率は妻が80％、夫が20％であり、FHさん夫婦の場合は妻が90％に達している。その他、妻の子育ての状況は、子どもの成長につれ変化する可能性があるかどうかを問うと、妻が主役となっている体制を維持する予定であるとHHさんは回答していた。また、DHさんは以下のように語った。

Q ：「今後の家事・育児について、どう考えていますか？」

DH：「希望としては参加したいです。妻の助けになりたいので」

Q ：「実現するためのプランはありますか？」

DH：「仕事がとても忙しいので、（家事・育児参加が）実現できないと思います。」

つまり、現在のような役割分担状況がこれから続く可能性が高いと考えられる。様々な理由から80後男性の育児参加度が低いことは想定できるが、第2節では仕事と家事・育児の調和における葛藤を中心に述べていく。

第2節　80後男性の役割遂行における葛藤

前節では、80後男性の稼得役割と家事・育児役割の遂行の状況について述べた。そこで明らかになったのは、80後男性は家事と育児の参与程度が異なり、育児参加は家事参加ほどできていない状況だということであった。これを踏まえ、本節からは80後男性が稼得役割と家事・育児役割を遂行する際に抱えている葛藤を中心に分析をする。

第1項　仕事と家事・育児の葛藤

まず仕事と家事・育児の間の葛藤が見られた。80後男性は家事・育児に参加することが重要であり、一般常識であると認識している。しかし、認識と反して、思うように参加できていない。家事・育児役割と稼得役割の関係について、ＣＨさんは以下のように語った。

ＣＨ：「（前略）自分の責任が多くなりました。家族のためにもっと稼ぐべき、もっといい生活を提供すべき、自分の子にもっといい環境を与え、妻も含め、もっともっといい生活ができるようにしたいです。（中略）でも、子どもが生まれてから、自分の集中力の一部が子どもに影響を受けました。子どもがいなければ、結婚していなければ、自分の事業は現在のやり方ではなく、また活動範囲をもっと広げ、全国各地や世界各地で展開できます。一つのところに拘束されるのは嫌いですし、家を恋しがるほうでもありません。」

ＣＨさんは家族に対する責任、仕事に対する抱負を持っている。職業の関係で海外や全国を飛び回ることが事業の拡大には重要であるが、家族と一緒に居られなくなるため、居住地の範囲内の仕事をしていると言う。しかし、このままであれば、CHさんが望む収入の増加には繋がりにくい。よって、家事・育児役割の遂行は事業の発展に阻害をもたらすものとなっている。CHさんは自営業であるため、事業展開の範囲をある程度調整できる。一方、会社員のGHさんの場合は「育メン」をポジティブに評価し、育児にもっと力を注ぎたいという希望を持っているにもかかわらず、育休制度がないため、仕事の調整ができず、なかなか実現できない。80後男性は育児に参加できないことについて、反省するとともに悩んでもいる。

DH：「自分の仕事は妻より忙しいです。家への関心は少ないです。こういうところは改善する必要があります。特に子どもの世話ですが、子どもと接する時間が多くないです。営業時間がとても長いですし、半分野外の作業ですので、朝から晩まで、時間が長いです。その間は子どもの世話はできません。」

また、仕事が多忙であるため、子どもに会える時間が少なくなった。このことについてDH

さんが下記のように語った。

DH：「子どもはとてもかわいいです。とてもとてもかわいいです。この期間が過ぎるともう二度と戻ってこないです。でも、生活のため、仕事をしなければなりません。」

DHさんは子どもの成長に関わる時間が少ないことが非常に残念であると語ったが、経済面を考えると現状を維持するほかなかった。育児への参加が少ないこともあり、子どもの成長を見られない悔しさや、日常生活ができない辛さを感じている。

HH：「出張に行き、地方で接待される際に、子どものことを思い出すことがあります。当初は自分も気づいてなかったです。地方で仕事をしていたが、夜十時に突然非常に苦しくなって、その時はすぐ家に帰りました。」

このように、HHさんには家族と仕事の間で葛藤する姿が見られた。前述したように、育児の主役は妻であるケースがほとんどだが、ＢＨさんの場合だけは異なる。家事・育児役割と稼得役割について、ＢＨさんは以下のように述べる。

ＢＨ：「中国の伝統的な役割分担は、男性は外、女性は内、つまり男性は外で仕事に専念し、女性は家庭のことや子どものことに集中します。今の社会は発展しているので、人々の考え方も変わってきています。現在の男性たちには家庭のことを顧みる人が多い。自分もそうです。仕事と家庭と衝突する場合、妻と子どもを優先にしています。」

ＢＨさんには家事・育児役割の遂行に対する積極的な態度が見られる。ＢＨさんは子どもが生まれる以前は、友人との付き合いに時間を費やしていたが、子どもが生まれてから、できる限り子どもと一緒にいたいと考えるようになった。また、仕事と家事・育児だけの調整だけではなく、余暇時間の調整も行っているが、仕事の対応を疎かにできないため、自分の余暇を削ることになる。ＢＨさんは現在育児参加の最も大きい障壁は仕事と勤務時間外の付き合いであると認識しながら、自身の仕事の性質により、勤務時間外の付き合いが多いことは避けられないと語った。

80後男性は就業形態を問わずに、仕事と家事・育児の参加に葛藤を抱えている場合が多い。つまり、80後男性は家事・育児役割を全うすることに積極的な意欲はあるが、育児制度の未整備や職場の柔軟性の乏しさなど、外部サポートが整っていない環境もあり、家事・育児役割を全うする意識がありながらも行動に移すことを防げられている。

第2項　夫婦間の葛藤

家事・育児役割と稼得役割の遂行において、夫婦間に葛藤が存在する。育児理念のズレは、夫の家事・育児役割遂行の阻害となり、夫婦間の葛藤になっていた。ＩＨさんによると、家事・育児役割を多く分担できていない点について、今後改善したい気持ちはある。しかし、簡単に改善できない理由があり、育児への参加の困難さについて以下のように詳細に述べている。

ＩＨ：「客観的な理由として、出張が多く、子どもの世話する時間が多くないです。また、子どもの教育について、自分の知識が不足し、多くのことを学ぶ必要があります。子どもがだんだん大きくなって、自分なりの考えを持ち始めて、お父さんとしてどのよ

うな立場で接すべきか、どんな役割を果たすべきか、どのようにすれば科学的なのか、子どもの独立性を育てられるのか、学ぶべきところが山ほどあります。」

Q：「教育したい気持ちがわかりました。実際にどのように関わっていますか」

IH：「そうですね。(育児に)参加したいですが、どのように関わっていくのか難しいですね。妻は子どもと接する機会が多いので、接しながら関わり方を手探りできますが。子どもの考えを優先にすべきと思いますが、妻は指示を出すほうなので、自分の考えを強く主張すると、夫婦喧嘩になります。」

育児に参加する機会が少ないことを理由に、子どもとの関わり方に戸惑っているのはIHさんだけでなく、HHさんもまた同様である。

HH：「今は、子どもと上手く長時間のコミュニケーションを取れません。一日や二日、いや、半日くらいなら大丈夫です。妻のほうが子どもと長時間一緒にいるので、自分はなかなか育児モードに入れません。妻がほとんど育児を担当しているせいか、子どもと長

く一緒に居られません。時間が長くなると、疲れを感じ、自分も疲れるし、子どもも疲れる様子です。」

このように、最初から育児参加が少ないため、後から参加しようとすると、子どもの成長とともに、関わり方も変化していくため、どのように参加すればよいか困惑し続けてしまう。妻は、すでに自分の育児スタイルができているため、夫の育児参加が困難になり、その結果、育児に不向きであると感じやすく、疲れを訴えることにつながる。また、この際に育児に関する意見のズレが生じやすくなり、夫婦関係にマイナスの影響をもたらす。仕事の多忙さやは葛藤を一層大きくしてしまう。

一方、夫婦の片方が離職すると社会参加が減り、夫婦間の話題が少なくなり、夫婦関係にも影響する。ＢＨさんはこのような経験を持つ。

ＢＨ：（前略）妻は妊娠していた間に、しばらく休みました。（私は）仕事が忙しいので、妻は家で一人ぼっちです。その間はつまらなくて、仕事したほうがいいと、妻は現在で

もそう考えていると思います。夫婦の片方は仕事、もう一方が家に居ると、二人の話題がだんだん少なくなります。二人とも仕事をすると、様々な場面でいろいろな人と会うので、二人の話題も増えたと思います。」

ＢＨさんは過去の経験から、配偶者が仕事を持たないことは夫婦関係に悪い影響をもたらすと主張する。出産後に復職したことで、この葛藤は解決できたが、妻の役割分担を増やす方法で成し遂げた結果であり、妻の負担が大きくなる恐れがある。

第3項　親族との間における葛藤

80後の育児において、両親からの支援は大きい。この育児支援は大きな助けとなる一方、葛藤にもなる。本項では、80後男性が両親の育児援助に対し、葛藤を抱くことについて述べる。

祖父母の育児の仕方を消極的に評価し、育児は祖父母より、両親が中心となって遂行すべきとの主張が見られた。この点について、親との居住距離が近く（徒歩15分程度）、親の育児援助を受けているＦＨさんは詳しく語った。

ＦＨ：「特に中国では、できるだけ子どもを自分で育てたほうがいいです。できるだけですね。祖父母にお願いすると、祖父母の良し悪しを問わず、子どもの成長によくない影響を与えてしまいます。自分で育てたほうが、子どもにいいです。身をもって体験した感想です。（中略）今現在は妻と妻のお母さんと一緒に育児しています。妻のお母さんは比較的融通がきくほうで、育児の意見が分かれた際に、ありがたいことに私たちに従ってくれます。」

具体的な理由としては、祖父母の昔ながらの行為と慣習は、現在の社会では通用しない部分も多く、子どもに影響すると、教え直すことも簡単ではないことが挙げられる。ＦＨさんの場合、妻と妻の母はうまく調整しているが、周りの友人はそうではないようである。子どもの教育方法に大きな相違が存在する場合が多く、祖父母が頑固な場合、その意見に従わないのであれば、摩擦を避けられない。

第3節　役割遂行の意味づけと正当化に用いる規範と資源

第1節では役割遂行の状況、第2節では「仕事と家事・育児の葛藤」、「夫婦関の葛藤」、「親族との間における葛藤」の三つの側面から80後男性が役割を遂行する際に抱えている葛藤を明らかにした。本節では、80後男性の役割遂行の状況や葛藤に対する考えを確認するため、まず80後男性の現在の役割遂行に対する意味づけを示す。次に、役割を遂行する際の葛藤に対し、調整を経て正当化する過程に注目する。とりわけ、この過程において、80後男性がどのように他者と相互作用しながら、社会資源を活用したのかを考察していく。

第1項　家事・育児役割と稼得役割の意味づけ

第2節で言及したように、80後男性の仕事は繁雑であり忙しく、労働時間も比較的長い。結果、家事参加には積極的であるが、育児参加が少ない。このような状況において、80後男性は家事・育児役割と稼得役割の重要性に異なった比重の置き方をしていることがわかった。

80後男性は稼得役割を果たしている分だけ、家事・育児役割の遂行を妻に期待し、妻の家事・育児役割遂行は男性に定時の帰宅を促すこともみられた。この点について、具体的にFHさんの語りを見ていく。FHさんは友人の飲み会、勤務時間外の付き合いに誘われた際に、自身の判断基準を下記のように語った。

FH：「どうして飲み会に行くことにしたかというと、飲み会の席で、友達やビジネスパートナーは私に自信と尊厳をくれるからです。家に戻ると、一日仕事をしたにもかかわらず、自分でご飯を作ったり、片づけたり、あれこれもしたりすることになります。帰宅して些細なことで妻と話が合わないことがあると、家に帰りたくなくなります。一方、妻が夫を尊重し、夫が仕事から家に戻ったらと何もしなくていい。好きな料理も揃っていて、食べたいもの、飲みたいもの全て（妻が）用意しています。食事が済んだ後、一緒に散歩に出かけます。結婚してからずっとこのようにすることが一番良いと考えています。」

家事・育児役割自体について、補助的なものと意味づけしていることがわかる。次第に、稼得役割の主役は家族の絶対中心的な存在となり、他の役割を遂行する者が家庭内で周辺化されつつあり、「帰宅」は現在の家庭内勢力構造を維持するために用いられている「手段」にもみえる。また、「育児をすることはもちろんできますが、仕事はもっと（自分の）価値を発揮できると思います」（FHさん）のように、家事・育児役割遂行の機能を矮小化する傾向がある。

一方、80後男性は、家計を負担することは自分の絶対的な責任と認識しているようである。稼得役割の遂行は男性の自尊心と関わり、男性の自己実現は、稼得役割の遂行を通して果たすと意味づけされている。

CH：「私はメンツを重んじるほうで、プライドが高いです。男性はお金を稼ぐべき、自分の事業を持つべきで、いい加減に仕事をして報酬をもらうのは絶対ダメだと思います。（中略）（子どもが生まれてから）自分の責任がまた増えたと思います。家族のためにもっと稼がなくてはいけません。家族にもっといい生活を提供しなければなりません。（後略）」

その一方で、HHさんには仕事に対する熱意は見られたが、それだけに執着するばかりではなく、家族の日常的な支出を維持できる程度でよいと思っていた。

ＨＨ：「仕事をするのは、子どもの成長と家族の基本的な支出を維持するためです。私の要求は高くないです。子どもが普通に学校に通えること、普通に仕事をして、一般なみの生活ができること、いわば今の生活を維持できればと思います。将来、子どもが大きくなったら、仕事にもっと力を注ぎたいです。」

このように、ＨＨさんはＣＨさんほど強く言っていないが、稼得役割の遂行は自分の責任であるとの認識に変わりはない。また、将来について、子どもの成長にともない、家族のために使うエネルギーは今ほど必要でなくなるため、その分のエネルギーを仕事に注ぎたいと考えている。子どもの誕生が仕事に与える影響について、80後男性はそれをストレス源と感じる一方で、仕事の原動力と見なしてもいる。この点について、ＦＨさんの語りは以下の通りである。

ＦＨ：「自分の仕事にはあまり影響がありません。もし影響があるとすれば、ポジティブな

影響です。なぜかと言うと、ストレスが溜まりますが、原動力も大きくなったからです。子どもが生まれる前は、二人で稼いだ分を二人で消費します。子どもが出来てから、一人で稼いだ分は三人で消費することになるので、ストレスが溜まります。でも仕事への意欲も高くなりました。」

FHさんの場合は配偶者が現在復職せずに、専業主婦であるため、稼得役割の遂行を一層自分に要求する傾向が見られた。一方、共働きであるGHさんは、子どものためにもっとよい収入を得るべき、今は「拼爹[23]」（ピンデェ）の時代だと語った。また、AHさんは異なる側面から家族、子どもと仕事についての意味づけをしている。

AH：「（前略）現在の職場に来た際に、私は最も若かった。能力を持っていても、重要な仕事は自分に回ってこないです。仕事の完成度が高いけれども、家庭を持ってない、子どもを持たない若者はそわそわして落ち着きがなく、責任感が低いと上司には思われ

23　「拼爹」（ピンデェ）とは子どもの将来は父親の経済力に左右されるという意味である。

ていたかもしれません。結婚し子どもを持って以降は、家族を築く能力があり、上司からもこれから全身全霊で仕事に没頭できると思われたのか、キャリアアップに積極的な影響を与えていると思います。」

ＡＨさんの場合は、家族を持つことが仕事に有利な影響を与えることはあるものの、その有利な影響は、家事・育児役割の遂行の契機になるというより、仕事に集中するきっかけとして意味づけられていた。他に、ＨＨさんは「子どもを一人くらい持てればいいです、特に両親の言いつけに応えた上、社会に対する責任にも応えたので、もう一人の子どもを作るのは自分を苦しめるだけです（笑）」と語っていた。子どもを作ることは親に対する責任を果たすという意味づけがあるため、疲れを感じやすくなるのも当然のことであるのだろう。

同じように、家事・育児に積極的に参加しているＢＨさんは、家事・育児より仕事のほうにより多くのエネルギーを費やしていると語る。また、ＨＨさんは稼得役割の主な担い手は男性であるべき、このような考え方は自分だけではなく、周りのほとんどの家庭では女性は家事・育児の主な担い手であり、男性は仕事にもっとエネルギーを使っていると語っていた。稼得役割は男性の責任とし、女性は家事・育児役割の主な担い手であるべきとし、妻の稼得役割の遂行を大きく期待していない。いわば、配偶者である女性の就業状況を問わず、男性は稼得役割を果たす存在でいるべきという考えが80後男性から見られた。

第2項　考え方の是正による葛藤の正当化

本項では、80後が葛藤を正当化する過程を明らかにする。前章で示した80後女性における考え方の是正と同様に、本項では第2節で提示した数パターンに分類できる葛藤について、それぞれ分断したものとしてではなく、互いに繋がりを持ち、影響し合う存在として扱う。したがって、本項では80後男性の葛藤の正当化過程を総合的な視点から分析し、論を展開していく。

80後男性は稼得役割の遂行を重視、優先し、家事・育児役割の遂行がしばしば後回しにしていることが前項でわかった。しかし、80後男性は、家事・育児役割を放棄すべきものと認識しているわけではない。第1節で述べたように、80後男性は家事・育児を遂行すべき役割として認識している。稼得役割と家事・育児役割が衝突する際、80後男性には仕事を選びがちな傾向であるものの、葛藤を抱えていないわけではない。第2節で述べたように、仕事が繁忙であることは家事・育児参加の阻害要因となるが、それと同時に、当人に問題視されてもいる。この葛藤に対し、80後男性は仕事の調整がしづらいという点を再確認することを通して、現状の正当化を図る。つまり、仕事の調整がほぼ不可能であることを前提に、育児への参加ができない責任を会社制度へ転嫁することによって、葛藤を回避するのである。

Q：「育メンという言い方がありますが、EHさんはどう思いますか？」
EH：「これは褒め言葉ですね。けなす意味がありません。育児は責任です。」
Q：「EHさんご自身の場合はどうなっていますか？」
EH：「育児したいですけど、気持ちはありますが、余裕がないですね。」

同じように、DHさんも子どもともっと一緒に居たい、もっと家事に参加したいと言いつつ、仕事が大変忙しいため、現状を変えることはできないと語った。また、AHさんは以前の計画経済期の仕事スタイルと現在を比較して、現在の仕事スタイルは柔軟性が低く、調整が難しいため、育児に参加できないと言う。

AH：「（前略）仕事のスタイルにもよりますが、父と母の時代は定時で帰宅できました。定められた時間内で仕事し、一緒に帰宅できて、家事も一緒にやれます。自分の場合は、定時で帰宅できず、一定の時刻に退勤できません。仕事が大変忙しく、家のことにはあまり参加しなくなりました。」

また、育児は仕事への集中を妨害する存在であるとの認識があり、稼得役割を遂行するため、育児には参加せずに仕事に集中する。これによって、育児への参加は少なくなったが、仕事は成功に導かれるため、現在の役割分担は合理的な選択として成り立つ。

FH：「人のエネルギーは限られています。一つのことに集中すれば、成功しやすいですが、もしほかのことに集中力を取られると、成功できる比率も低くなります。今は自分の全てのエネルギーを仕事に集中させています。近年、仕事の能率が向上したと実感しています。（後略）」

ほかに、子どもとの関わり方をなかなか習得できず、上手く育児に参加できない葛藤については、男性には育児の天分が乏しく、女性には天分があるということに収束しがちである。EHさん、GHさんは仕事の繁忙ぶりを強調しながら、育児において女性が天分を持っていることについて語った。

EH：「（育児参加が少ないのは）仕事が主な原因です。通勤距離が遠く、休みも少ないです。妻の産後休暇は6ヶ月あるのに対し、私には1週間しかありません。また、女性は先天的な部分もあって、授乳期間も含め、子どもがどうしても妻のほうに愛着をもってしまいます。」

GHさんも同じような発言をし、子どもの成長において母親の重要性を強調していた。

GH：「やはり母親は家に長くいるべきです。子どもの世話や、教育、子どもの成長には、母親が主導的な存在です。」

このように、EHさん、GHさんは自分が育児に参加しづらいことを、育児の天分が足りないことという認識で理由付けする。また、妻主導の育児によって、状況は現在良好であり、育児を通して妻の自己実現が叶えられることを強調し、自分の育児参加はかえって妻が天分を発揮する場の支障になると考え（FHさん）、育児理念のズレ、育児に際する困惑を回避するようである。

さらに、家事・育児の概念を見直すようなケースもあった。独自の概念で現在の分担を考えると、一定的な参加ができていることになる。

FH：「妻は子どもの食事、遊びに付き合うので、（割合的には）子ども世話の90％をやっています。でも自分は子どもと一緒にテレビを見たり、夜一緒に寝たりするので、時間的には妻とさほど差がないことになります。」

続いて、家事でも同様に、女性は性格上細かいため、同じ家事に妻のほうが自分より時間をかけ、その結果、妻の家事に使う時間が長くなるとFHさんは語った。このように、家事・育児参加について時間の長さとは別の枠組みで、遂行する内容への新たな定義を与えることによって、家事・育児への貢献の再確認が行われていた。これにより、80後男性は家事・育児を遂行している感覚になり、葛藤を和らげ、現状に対する認識の正当化に繋げていると考える。

第3項　役割におけるマネジメントと資源の活用

マネジメントと資源の活用は役割遂行における葛藤を和らげ、現状の正当化を図るために欠かせない要素である。役割分担が現状に至るまで、核家族内において、夫と妻との間に役割調整の過程があり、特に意見交換などが行われていたため、本項ではまずその詳細を述べる。次に、80後男性が自ら行ったマネジメントや、社会資源の活用の仕方を詳述する。

80後男性は家事・育児の分担について、配偶者とコミュニケーションを取っている。意見の食い違いがあった場合には、自分の意見を相手に伝えることによって、役割分担の微調整をし続けている様子が見られた。

CH：「話し合うことですね。以前は現在ほど平和ではありませんでした。その時は二人で

話し合うことをしました。このやり方に不満を持つとか、こうすればもっとよくできるとか、何かあれば意見を相手に伝えます。それが互いの理解につながります。徐々に現在に至っています。」

同じように、ＨＨさんも役割分担について夫婦間で話し合うことを前提とし、後に実践する際に不具合が生じた場合はさらにコミュニケーションを取り、最終的に、合意に繋げていた。また、将来のことについても、現状を維持するより、相談し合うことによって、柔軟な計画を立てようとの姿勢が見られた。

ＢＨ：「何かがある際には、いつも二人で相談してから決めます。将来についても（二人で相談してから決めます）。でも将来もし仕事が忙しければ、家のことにあまり配慮できなくなりますが。」

また、意識的に仕事の空間と家族の空間を分割する行為を通して、家族と一緒にいる時間の質をより上げようとするケースがあった。自営業の場合は、仕事と家庭を切り分けることが難しいが、CHさんは以下のようなマネジメントを行っている。

CH：「今はこのように決まっています。夜に帰宅した後は仕事をしないようにしています。家に帰ると、仕事をしないことと、取引先の連絡がない場合は、できるだけ携帯をいじらないようにしています。できるだけ実行していますが、やはりスマホを弄ってしまいます。（苦笑い）スマホから離れると、不安になりますね。」

このように、自営業の場合は仕事の空間と家族の空間とを区別しにくいが、それを避けるために自分なりのルールを作り、稼得役割と家事・育児役割の遂行のマネジメントを行っている。ほかに、社会資源の活用は家事・育児役割の遂行を円滑にしていた。これからの家事・育児役割遂行の計画について、EHさんは下記のように語った。

EH：「（これからの家事・育児スタイルについて）大きな変更はないと思います。たとえ、

幼稚園に通い始めても。まず一つ言えるのは、自分の両親は既に定年退職しましたので、子どもの世話について助けてくれますから（後略）」

平日の出勤日では、近居の両親が代わりに子どもの世話をするケースが多い。DHさんも同じように、現在仕事が忙しく育児に参加できない状況の中、育児の重要な助けは自分の両親であると語った。このように、80後男性は仕事が忙しいながらも、仕事と家事・育児のマネジメントを行い、かつ親族資源も活用していることがわかった。

第4節　80後男性ライフスタイル及び妻との相互作用

本節では、まず第1節から第3節まで述べてきた80後男性の役割遂行の状況、葛藤、意味づけと調整について概観する。続いて、80後男性のライフスタイルとその特徴を提示する。さらに、妻からの評価を取り入れつつ、役割遂行における夫婦間の相互作用を確認する。

第1節では、80後男性は稼得役割を果たしながら、家事を分担しようとする意識を持つため、積極的に家事参加している一方、育児についての参加が少なく、これからもこのような分担を維持しようとしていることを述べた。

第2節では、まず、仕事と家事・育児の葛藤について述べた。具体的には、育児参加の不足が80後男性によって問題視されていること、それと稼得役割の遂行への意識とが相まって、仕事と育児の葛藤が増していることを提示した。仕事への抱負を持ち、育児をするまとまった時間がなく、その上、外部のサポート制度が不足している場合、この葛藤は一層強くなる。夫婦間の葛藤については、男性は最初から育児参加が少ないため、妻の育児スタイルに手を出せないことがわかった。後からの参加は育児理念のズレを生じさせ、夫婦関係に悪影響を及ぼす。それだけでなく、夫婦の片方が育児に集中すると、共通の話題が減り、夫婦間のコミュニケーションの質も下がる。さらに、祖父母の育児方法に80後男性が不満を持つ場合には、親族との間における葛藤ももたらされている。

第3節では、意味づけについて、稼得役割の遂行に家事・育児役割より高い価値を付与し、稼得役割を主に担う方が家庭内で主導的な存在であるという考えが見られた。そして、家計を担うことに執着し、それが自己実現となり、男性としてのプライドであるとの意味づけをしているケースもあった。

また、現状を正当化するため、仕事と育児の調整における葛藤に対し、仕事の調整が難しいということを強調して責任を外部に転嫁していた。さらに、一つの役割に集中することが成功への近道である認識することによって、現在の役割分担の合理性を主張するケースもある。仕事へ集中することも合理的であり、家族のためになるのだという。ほかに、男性には育児の天分が乏しいと考えることが、上手く育児参加ができない葛藤の緩和に繋がっていた。

役割遂行におけるマネジメントと資源の活用については、妻との役割分担の交渉や自分なりの仕事ルールの作成が見られ、親族の援助が仕事と家事・育児の調和に重要な機能を果たしていることがわかった。以上の結果から、全ての80後男性が稼得役割を重視しているため、「稼得役割重視型」の1タイプにまとめられるが、妻の就業状況により、夫婦間における相互作用には相違点がある。

①　「稼得役割重視型」—妻就業

父親の育児の欠如が子どもの成長によくないと考えているため、80後男性は自分の育児参加が不足していることに憂慮している。仕事が多忙かつ業務上の調整が困難であるため、育児参加が阻害されたと80後男性は考えているが、働く妻はそれに対し、異なる意見を持っている。

CW：「今の問題は、男性が女性にもっと立派でやさしくなって、家事・育児をもっともっとやってほしがっていることです。しかし、そうすれば、女性が非常に疲れると思います。だから私は、状況に応じて（家事・育児を分担し）、女性が仕事で疲れた時に、男性がもっと思いやりを持って、家事・育児を一部引き受けるべきだと思います。」

また、EHさんの妻EWさんは以下のような意見を述べた。

EW：「今より、もっと家事をしてもらって、子どもとよく遊んで、仕事以外の時間にもっと家にいって、家族の時間を作ってもらいたいです。携帯をできるだけ弄らないでほしいです。」

さらに、BHさんの妻BWさんには夫の稼得を評価する語りがあった。

BW：「（前略）夫の稼ぎは思ったよりも少ないです。そして、育児参加にも辛抱強さが欠けていて、でも家事はやってもらっています」。

このように、妻が働いている場合は、必ずしも妻は80後男性が稼得役割を十分果たしていると考えず、80後男性の夫にもっと家事・育児に参加してもらいたいと考えていることがうかがえた。そして、BHさんをはじめ、妻が就業している80後男性がある程度家事・育児に参加していることには、妻の要求が影響しているのであろう。

②「稼得役割重視型」―妻家事・育児

妻が家事・育児に専念している場合は、妻の稼得を望めなくなったこともあり、夫が稼得役割の遂行について、一層自身に要求する傾向がある。仕事ばかりに集中する結果、子どもと長く一緒にいられないなどの状況に陥る。そしてその育児参加が、妻就業タイプの男性に比べ、一層困難であると考えられる。このような状況に対し、FHさんの妻FWさんは夫の家事・育児参加について、下記のように語った。

FW：「やはり家（家事・育児）のことをもっと分担してもらいたいです。中国の伝統的な男性らしさを考えると、男性が家の世話人的な存在になるべきです。家事なら、（私は結婚以前）にはしていませんでしたし、考えたこともなかったですが、結婚してからしばらく、やはり男性が家事に参加すべきだと思うようになりました。」

このように、家事・育児に専念する妻には夫に家事参加してもらいたいとの語りがあった。しかし、80後男性は、家事・育児は女性の主な役割であり、それが生まれつきの属性であると認識している場合がある。この上、妻に稼得がないことと相まって、80後男性は自身の稼得役割を重要視するあまりに、家事・育児役割を周辺化するとともに矮小化する傾向がある。これによって、夫婦間の葛藤が一層深まってしまう恐れがある。

第5節　70後男性との比較

80後男性のライフスタイルの選択の特徴を明らかにするため、本節では、70後男性と80後男性を比較する。子どもの年齢、対象者の職業キャリアによって、稼得役割と家事・育児役割の分担と内訳が変わりつつあるため、70後男性の語りを乳幼児期に絞り、80後男性と比較した。ここでは、役割遂行、問題視された葛藤、正当化する過程の三つに焦点をおいて、両者を比較していく。

第1項　役割分担の現状について

70後男性は80後男性と同じように、家事参加に積極的であることがわかった。70後男性のOHさんは、自分が家事労働の6〜7割を担っている。また、NHさんは妻が家事の大半を担っているが、自分も補助的な程度で約3割の家事を行っていると述べた。育児についても、80後男性と似た状況であった。しかし、育児の主な担い手は母親であるが、父親の育児参加は80後男性ほどの少ない状況ではない。

Q　：「ご飯は誰が作っていましたか？」

NH：「早く家に着くほうがご飯を作ります。主に妻が作っていますが、妻は昼ご飯、私は晩ご飯を担当していました。」

Q：「総じて、どれくらいの家事をやっていましたか？」
NH：「自分は3、妻7ですね。妻のほうが多いです。」
Q：「育児のほうはどうなっていましたか？」
NH：「半々でやっていました。」

NHさん妻とは半々で育児を分担し、子どもとよく遊んでいたと語った。掘り下げて聞くと、日常の世話はご飯を食べさせることと髪の毛を整えることくらいと理解し、それらの技能は幼稚園で子ども自身が習得したと認識していることがわかった。

NH：「子どもが小さい頃から、妻は子どもの寝付けをしていましたが、一緒に遊ぶのは私でした。縄跳びや走り幅跳びなど、よく一緒に遊びました。（私と一緒に遊ぶのが）子どもも好きそうでした。」
Q：「その時、子どもの食事など日常の世話は誰が担当しましたか」
NH：「三歳ぐらいに既に保育園で学んでいました。服を着ることや、髪の毛を整えるのも

自分でできますので、妻はご飯を作るくらいで、ほとんどは子ども一人でできたと思います。」

したがって、母親が行っていた身辺の世話に関する認識が薄く、それを矮小化していたことも考えられる。しかし、子どもの遊び相手を担当することはある程度の育児参加であると言える。また、ＰＨさんも育児の協力過程を具体的に述べていた。

ＰＨ：「朝に早く起きたほうが子どもの洗顔や歯磨きの世話をしました。それが終わると、幼稚園に送りました。夜は私が迎えに行きました。（後略）」

このように、70後男性は80後男性よりもっと頻繁に育児に参加できていたようである。それが可能であったのは、働き方と仕事の忙しさの度合いに影響されていたと考えられる。ＮＨさん、ＰＨさんとＯＨさんは８時間の勤務制であり、仕事内容も比較的易しいもので、家事・育児に参加できたと言及した。仕事のスタイルや強度と会社の性質とは関係している。属性表でわかるように、NHさん、PHさん、OHさんは国営企業で勤務している。国営企業の民営化に伴い、現在は変わったが、国営企業は私営企業よりかなり福利厚生が充実していた。これについての詳細は資源の部分で述べる。

第2項　役割分業における葛藤

①　仕事と家事・育児の葛藤

仕事への抱負が大きいほど、80後男性の仕事と家事・育児との葛藤は増えるようである。子どもの成長に参加できない悔しさを感じる父親もいた。70後男性は仕事と家事・育児における葛藤は80後男性ほどではなかった。

自身の仕事は忙しくないと評するNHさん、PHさんとOHさんは、仕事と家事・育児の調整に関しては葛藤を感じていなかった。仕事について、NHさんは下記のように語った。

NH：「（前略）企業の性質上、クビがない企業ですので、普通に仕事をして、遅刻早退がなければ、定時に出勤して仕事するだけです。なので、基本的には、仕事と家庭の間に

衝突するような状況はありませんでした。」

一方、仕事が多忙である70後であるMHさんは育児参加が少ないため、子どもの成長を見られないと訴えた。80後男性にも同様の語りがあるが、内実は異なる点がある。その理由は、MHさんの職種は特殊で人命に関わり、出社するタイミングを選べないことである。ここで、70後男性の仕事と家事・育児における葛藤の軽重は就業形態からの影響があると考えられる。以上によって、80後男性は就業形態を問わずに仕事と家事・育児に対し葛藤を抱いている一方、70後男性は就業形態に影響されるが、80後男性ほど仕事と家事・育児に葛藤していないことがわかった。

② 夫婦間の葛藤

80後男性は子どもが誕生した直後から育児への参加が少ない。結果、その後の参加も少なくなり、最終的には育児参加をしづらい状況に陥る。また、配偶者は既に自分の育児スタイルを確立していたため、参加する際に育児方針、やり方について意見が一致しない場合が多くなり、夫婦間の葛藤になりやすい。70後男性は育児の夫婦関係への影響について下記のように語った。

NH：「子どもが小さい時に妻と喧嘩をしました。子どもを世話するのはエネルギーを消耗します。疲れると、喧嘩になりやすいです。（後略）」

しかし、子どもが生まれてから喧嘩が増えたかというと、NHさんは減っていく傾向にあると述べた。親族に喧嘩の悩みを相談するなどを通して反省していたようである。ほかに、育児が夫婦関係に消極的な影響をもたらしたり、葛藤があったりする際に、互いへの理解と妥協が重要であることが強調された。70後であるOHさんは、70後と80後の衝動的な処理方法と比較し、70後世代は辛抱強く、80後のように自分の個性を主張する行動を取らないことを語った。70後男性は育児に比較的参加していたため、妻と互いの教育理念についてのコミュニケーションができ、80後男性のような葛藤が生じにくくなり、また夫婦の交流の場にもなるため、80後男性が持つ夫婦間共同の話題が少なくなるという問題も見られなかった。

③親族との間における葛藤

80後男性は祖父母の育児方法に意見を持ち、育児方法の調整において親との間に葛藤が生じている。70後男性は育児方法より、子どもの性別から生じた葛藤を抱えている。女児を持つNHさんは親の期待に応えられない悩みを持っている。

NH：「（前略）母はいつもブツブツ言います。『孫は男の子なら良かったのに、どうして女の子なのよ』と（言っています）。」

NHさんの親は以前から現在まで、男児を産むことを要求し続けている。二人っ子政策が実施された現在では、催促が一層強まった。しかし、NHさんは現状を考慮し、親の要求を拒否し続けている。

ほかに、家族と同居する経験を持つ70後男性は親の育児習慣だけではなく、生活習慣全般の違いがあり、特に配偶者と自分の親の生活習慣に不一致が生じる場合が多い。その際に、両親の味方になるか、配偶者の味方になるか、ジレンマに陥りやすい。

第3項　家事・育児役割の意味づけと葛藤の正当化

①家事・育児役割と稼得役割の意味づけ

80後男性は、家事・育児役割は稼得役割ほど重要ではないとの認識を持つとともに、妻の就業状況を問わずに、稼得役割は男性中心で果たすべきだと主張している。男性のプライドの維持や自己実現は稼得役割の遂行を通して叶えるものだと意味づけされている。70後男性も同じように男性の稼得役割の重要性を強調する。しかし、70後男性は80後男性ほど稼得に期待しておらず、男性が稼得役割を遂行することは重要であるが、そればかりではないと意味づけしている。

MH：「絶対大金を儲け、お金持ちになるなど、稼ぎについて強い執着がありません。疲れます。お金ばかり大事にしてはいけません。妻の任務は子どもの世話、私は経済を担いますが、沢山稼ぐ必要はないと思います。」

仕事が多忙であるMHさんは、仕事上の成功ばかりが生活ではないことも語った。そして、稼得役割は自分の責任であると考えていると同時に、それだけではない、家族の仲が睦まじいことが重要であると主張する。また、QHさんも稼得役割は男性主役で担うべきとの語りがあった。

QH：「少なくとも力仕事は男性がやるべきです。雄々しさの印にもなると思います。そうであるべきです。中国が母系社会から父系社会に転向しているのと同じ道理です。日本のように、夫一人分の給料で一家を養え、妻が自由自在に家事して、喫茶、生け花、香の研究をしたり、隣の奥さんと一緒にSPAに行ったり、美容室でマッサージを受けたり、早朝自分が仕事に行く際に、妻から鞄を渡され、いってらっしゃいと言われたりと、そのようになりたいですが、現実的なことを見ると無理ですね。」

男性は稼得役割を担い、女性は家事を担当するというような保守的な性別役割分業が見られた。このようなジェンダー意識に対して、先進的な価値観という意味づけがなされ、男性は仕事、女性は家庭のような性別役割分業は理想的なライフスタイルとして捉えられている。

また、家族を作ることは親や社会からの任務を成し遂げることであるとの考えを持つ80後男性がいたが、70後男性は、家族を作ることは人生の必須段階であり、たとえ悩みや葛藤があっても家族を作るべきものであると意味づけしている。このように、70後男性からは稼得役割の遂行を重視しながらも、家族を持つこと、家族関係を維持することも自身の責任と捉えている姿が見られた。

②考え方の是正による葛藤の正当化

稼得役割と家事・育児役割の遂行における葛藤について、80後男性は仕事の調整が難しいことによる責任の転嫁、男性の育児の天分が乏しいこと、遂行の意義の再定義の三つの側面から考えを是正していることがわかった。これに対し、70後男性は80後男性ほど役割の対立が見られなかったため、考えの是正の視点が80後男性とは異なる。

70後男性は一家の睦まじさを強調している。70後のOHさんは役割の遂行や家事・育児分担はともかく、家族は仲がよいことが、最も重要なことであると語った。また、QHさんは、互いの思いやりと互いの理解を強調した。さらに、家庭内の安定は仕事を順調に行う土台であるとの考えもあった。

ＰＨ：「家族を優先に考えるべきです。（中略）まずは自分の家庭が安定することを優先します。もし家庭が不安定になったら、仕事に専念できなくなります。もちろん、家族の些細なことで仕事に支障をもたらすことも、できるだけ避けなければなりません（後略）」

ＰＨさんは家族と仕事との関係についての考えを語った。家庭と仕事は分断されたものではなく、互い影響し合うものとして認識の是正が行われた。

このように、70後は性別役割分業に執着せず、家族の睦まじさを重視することを前提にする傾向が見られた。また、70後男性のほうが職場に柔軟性があり、80後男性より仕事と家庭の調整がしやすかったことで、調和ができていたことも考えられる。具体的な調整については次項で述べる。

③　役割におけるマネジメントと資源の活用

80後男性は配偶者とコミュニケーションを取り、家事・育児分担の調整を行っている。また、仕事が家庭に影響しないように仕事の空間と家庭の空間とを分けるなど、自分なりのルールを作り、役割の遂行におけるマネジメントがなされている。70後男性も配偶者とコミュニケーションを取っていた。互いにスケジュールを知らせ合い、時間に余裕のあるほうが家事・育児をするというFHさんの語りがある。

資源の活用について、80後男性は親の手を借り、育児を分担してもらっている。例えば、OHさんは下記のように語った。

OH：「私たちは8時間労働制で、残業がありません。土日の休みが確定していますし、両親の子どもの世話を手伝ってもらっていました。両親が健康で、私たちはあまり心配することがありません。土日休みの時に自分たちが子どもの世話をしていました。」

70後男性は親からの支援はもちろん、職場の資源も豊かであることがわかった。これについて、NHさんは下記のように語った。

NH：「（仕事は）安定していて、福利厚生も充実していました。学校から保育園まで全て揃っていました。しかし、現在は次々とこれらの施設は外部に移転していきました。企業は余分な社会機能を果たさないようにされています。そして、現在は保育園が既に外部へ切り離されました。病院も外部に移転しています。単位の宿舎に高校も設置されていましたが、十年ほど前に既に移転ずみです。（後略）」

Q　：「子どもの送り迎えはどうされていましたか？」

NH：「そうですね。送り迎えは数分間もかからず、すぐ着きます。」

また、施設が住宅と併設され、充実していただけでなく、勤務時間も家事・育児の遂行に適していた。

NH：「定時で退勤できます。8時間仕事制で、昼間に（子どもを）両親に見てもらって、仕

事が終わったら迎えに行きます。（後略）」

このことについて、ＰＨさんも以下のように語った。

ＰＨ：「（子どもを持つことは）自分のキャリアにあまり影響がありません。仕事は8時間以内ですし、余暇の時間も十分あります。なので、仕事に影響がありません。土日も休みがあり、平日も残業がありませんので、仕事と子どもの世話で時間の取り合いになったことがありませんでした（後略）」。

ＮＨさんは、仕事は忙しいが、定時で帰宅できると語った。仕事と家庭の境界線は明確であり、安定的でノルマもない。このような職場で働くＮＨさん、ＰＨさんにはワークライフバランスについての葛藤は生じにくいと考えられる。つまり、国営企業で働く70後男性は、仕事が安定的しており、残業もなく、土日休みがある上に、親の育児援助もあることで、比較的バランスが取れた状態であると自身の生活について評している。

以上、70後男性と80後男性の稼得役割、家事・育児役割の遂行状況、遂行する際にあたる葛藤、意味づけ、正当化する際に行ったマネジメントと活用した社会資源について、類似点と相違点を提示しながら、比較を行った。

第4項 まとめ──80後男性のライフスタイル選択の特徴

本項では70後男性と80後男性の役割遂行を一覧にした表4の元に、70後男性と比較を通して見られた80後男性の特徴を整理していく。そこから、80後男性のライフスタイル選択の過程と特徴を提示する。

表4でわかるように、「稼得役割と家事・育児役割遂行状況」について、70後男性はある程度育児に参加できたが、80後男性は、育児にあまり参加できていないことが語りの分析から明らかになった。しかし、仕事と家事・育児の遂行において葛藤を持つことから、80後男性が必ず育児参加を希望しないわけではないともいえる。一方、稼得役割の遂行は80後男性にとって、男性のプライドと自己実現に関わるものであり、その遂行は絶対視されている。80後男性は仕事の調整の難しさを確認し、自分の育児への不向き、役割遂行の再定義を行うことを通して、

育児参加できてない葛藤の正当化を図り、稼得役割の遂行に力を注ぐ。

また、80後は就業形態を問わずに、職場における育児支援とワークライフバランスに配慮する柔軟性が欠けている。結果、80後男性が育児参加に支障をもたらし、夫婦間の育児の協力、コミュニケーションにも消極的な影響をもたらした。80後男性に対し、70後男性は子どもが乳幼児期において、職場の柔軟性が高く、福利厚生が充実していたため、育児に参加できる環境であった。そのため、仕事と家事・育児はトレードオフの関係になりにくく、夫婦関係にも良い影響をもたらした。しかし、市場経済の更なる進行により、国営企業の社会的機能を切断するような福利厚生部門の市場化（中国語：「去社会功能」）が推進された。70後の育児期間のような福利厚生の利用は、国営企業の社会的機能が縮減させられた社会背景において、現在の若者には実現しづらいものとなった。

表4.80後男性と70後男性の役割遂行概観

	80後男性	70後男性
稼得役割と家事・育児役割遂行状況	稼得役割：積極的遂行 家事・育児役割：家事参加、育児参加欠如	稼得役割：稼得役割を遂行 家事・育児役割：家事参加、ある程度の育児参加
稼得役割と家事・育児役割の意味づけ	稼得役割：絶対的役割、プライド維持、自己実現 家事・育児役割：意識上担うべき役割 二つ役割の関係：稼得役割主要	稼得役割：重要だが、家事・育児役割との調和も重要 家事・育児役割：担うべき役割だが、副次的 二つ役割の関係：両役割は支え合う関係
仕事と家事・育児の葛藤	仕事と家事・育児に葛藤を持つ	ある程度整えていた
夫婦間の葛藤	育児理念のズレ、夫婦共同話題減少	育児参加により葛藤減少、妥協強調
親族との間における葛藤	育児理念のズレ	生活習慣の不一致、男子を生む要求
考え方の是正による葛藤の正当化	責任転嫁、天分説、遂行の意義再定義	妥協、互い理解を理想に
役割におけるマネジメントと資源の活用	マネジメント：配偶者と役割における微調整、自分なりのルール作成 資源の活用：親の育児援助	マネジメント：バランスが取れ、調整が消極的 資源の活用：外部資源が豊富、会社資源の利用が便利

注：80後と70後で相違する部分については下線で示した。

第6章　結論と考察

本研究は、保守的及びリベラルなジェンダー規範の間で、子どもを持つ80後がどのようなライフスタイルを選択するのかと、その過程に注目したものである。また、選択過程は常に規範と社会資源に影響され、そして当人によって意味づけがなされていると考え、それを明らかにするため、本研究では以下の二つのリサーチクエスチョンを設定した。

リサーチクエスチョン1（第4章）：

子どもを持つ80後の女性は稼得役割、家事・育児役割についてどのような意味づけをしているのか。それらを遂行する際に葛藤が存在するか、葛藤を持つ場合は当人がどのような社会資源を用い、他者との相互作用関係のもとでいかに正当化するのかを考察する。また、80後と70後の役割遂行と役割調整のプロセスを比較し、80後のライフスタイル選択の特徴を明らかにする。

リサーチクエスチョン2（第5章）：

子どもを持つ80後の男性は稼得役割、家事・育児役割についてどのような意味づけをしているのか。それらを遂行する際に葛藤が存在するか、葛藤を持つ場合は当人がどのような社会資源を用い、他者との相互作用関係のもとでいかに正当化するのかを考察する。また、80後と70後の役割遂行と役割調整のプロセスを比較し、80後のライフスタイル選択の特徴を明らかにする。

以下では、先行研究を振り返りながら、80後夫婦の役割遂行における相互作用をまず提示し、後に夫婦間の役割遂行の過程と80後のライフスタイルの特徴を述べ、分析結果をまとめて行く。

第1節　分析結果のまとめ——80後夫婦の役割遂行における相互作用

80後のライフスタイル選択におけるジェンダー意識の特徴を明らかにするため、第4章と第5章では80後家族の役割遂行を類型化し、夫婦間の相互作用を検討した。第4章の第4節では、80後女性のライフスタイルを「二重役割型」と「家事・育児型」の2タイプに分類し、第5章の第4節では、80後男性を「稼得役割重視」型とまとめた。よって、80後家族の役割分業を類型化すると、「夫稼得・妻二重役割」タイプと「夫稼得・妻家事・育児」タイプに分類できる（図7－1、図7－2）。いずれのタイプにも役割遂行に対する当人自身と配偶者の意味づけに齟齬が見られた。本節では、まず2タイプに見られた夫婦間の役割遂行への個々の意味づけを中心に取り上げながら、相互作用をまとめて提示し、後に80後のジェンダー意識の特徴を提示する。

図7－1、図7－2において、赤い四角は女性に見られた概念であり、黒い四角は男性に見られた概念である。概念同士に影響がある場合には黒い矢印で影響の方向を示し、同じカテゴリーである概念は点線で囲った。また、妻の意味づけを赤い矢印で提示し、夫の意味づけを青色の矢印で提示した。図7－1、図7－2に沿って、夫婦間の意味づけが一致していない点を

中心に述べていく。

図7－1の「夫稼得・妻二重役割」タイプでは、点線で囲ったカテゴリー夫の「仕事状況」からわかるように、80後男性が稼得役割に集中している。男性に見られた概念「男性は仕事、女性は家庭」は、黒い矢印で示した通りに男性の役割遂行に影響している。つまり、稼得役割に集中することは、夫にとっては男性の役割を遂行することであることがわかる。しかし、夫が仕事に集中することを妻が葛藤を招くものとして考えている場合もある（「夫婦の時間が少ない」、「現状アンバランス」）。したがって、点線で囲った夫の「仕事状況」のカテゴリーと妻の「葛藤」のカテゴリーとを、妻の意味づけを示す赤い矢印で繋いだ。また、夫が仕事に集中し、家事・育児に参加しない（できない）分を、妻が自ら補うべきと意味づけする場合があるため、点線で囲った夫の「仕事状況」のカテゴリーと妻に見られた概念「家事・育児に力を注ぐ」を赤い矢印で繋いだ。夫から見ると、家事・育児に力を注ぐことは、女性がケア能力を持つからできることとして認識されがちであるため、「育児の天分」の概念と「家事・育児に力を注ぐ」とを、男性の意味づけを示す青色の矢印で繋いだ。

また、妻に見られた概念である「稼得＝自己実現」と夫に見られた概念「夫婦間の話題の維持」に夫の意味づけを表す青色の矢印で繋いだ。つまり、「夫稼得・妻二重役割」タイプの妻にとって、稼得は自己実現につながるものであるが、夫は妻の稼得を「夫婦間の話題を維持」するため、いわば補助的なものとして意味づけする場合がある。そのため、妻からの家事・育児参加の要求に必ず応じるとは言い難いということになる。

図7－2の「夫稼得・妻家事育児」のタイプでは、家事・育児に専念する妻はキャリア中断に葛藤を持っている。しかし、女性に見られた概念「家事・育児に力を注ぐ」と男性に見られた概念「家事・育児役割は副次的」とを、夫からの意味づけを示す青色の矢印で繋いだように、妻が葛藤を持ちながらも専念している家事・育児を、夫は副次的なものとして認識する場合があることがわかる。そして、女性に見られた概念「キャリア中断」と男性に見られた概念「稼ぐ責任」に、夫からの意味づけの矢印で提示したように、妻が仕事できない分を代わりに稼ごうとしているという状況が見られた。さらに、男性の仕事状況と葛藤のカテゴリーを、影響を示す黒い矢印で繋いだように、仕事への集中は男性の葛藤につながる場合がある。その一方で、男性の「仕事状況」と女性に見られた概念「男は仕事、女は家庭」を妻からの意味づけを表す赤い矢印で繋いだように、仕事に励むのは男性の役割によるものとして妻には認識されていること

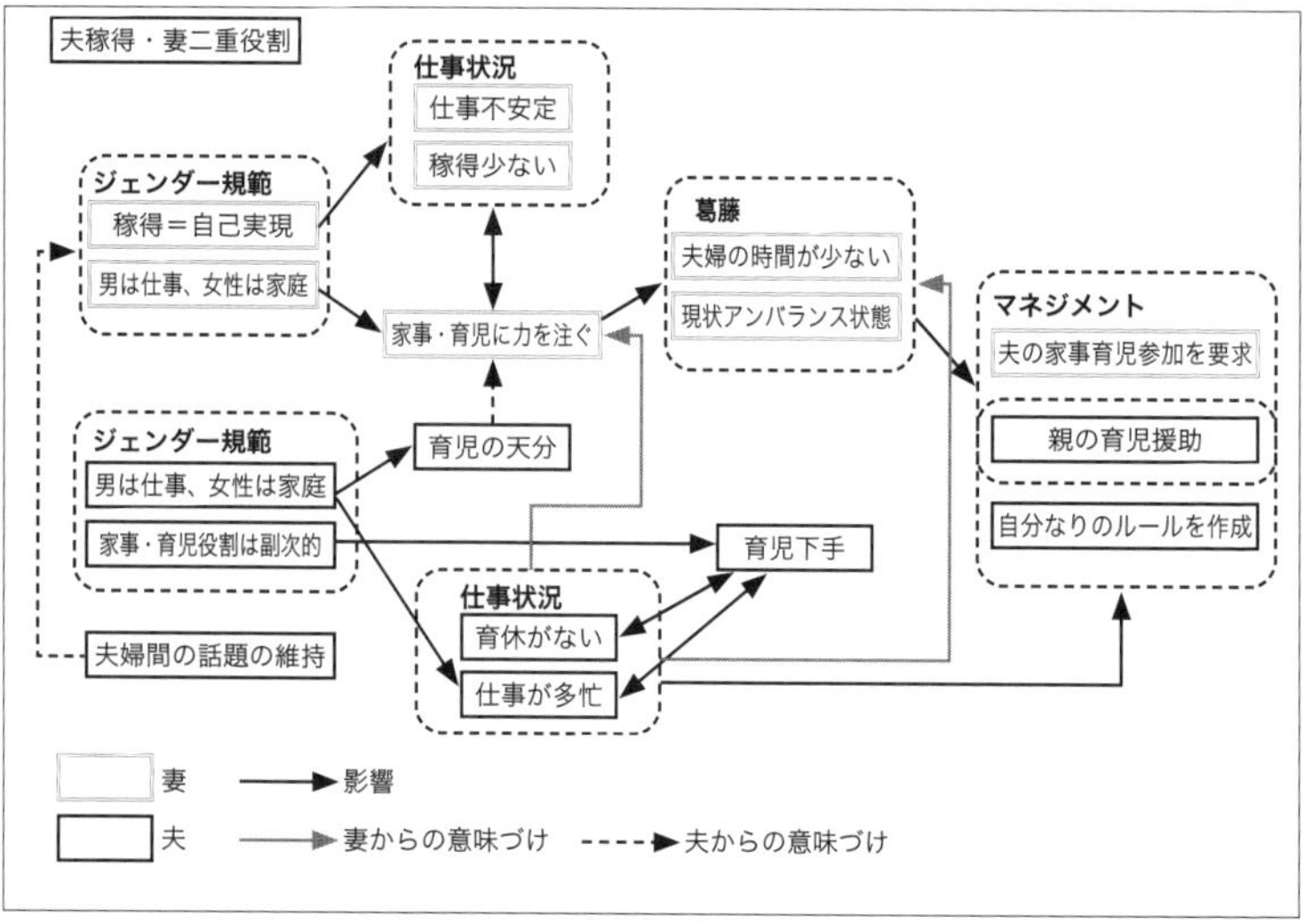

図 7-1　夫婦間の相互作用から見る役割遂行（その 1：夫稼得・妻二重役割）

とがわかる。

次に、夫婦間の相互作用の実証部分で明らかにできた80後男性と女性の役割遂行の共通点と相違点に触れながら、80後のジェンダー意識の特徴をまとめていく。役割遂行状況において、80後女性には保守的なジェンダー規範に沿った行動が見られたが、それに反するような行動も見られた。80後女性は家事・育児の主な担い手であるが、稼得役割も積極的に担っている。80後男性は稼得役割の主な担い手であるが、家事・育児について、夫婦間で協力すべきとの意識を持っていることが確認できた。また、男女を問わずに、稼得役割の遂行が自己実現に繋がるとの考えを持つ。しかし、家事・育児役割に対して、80後

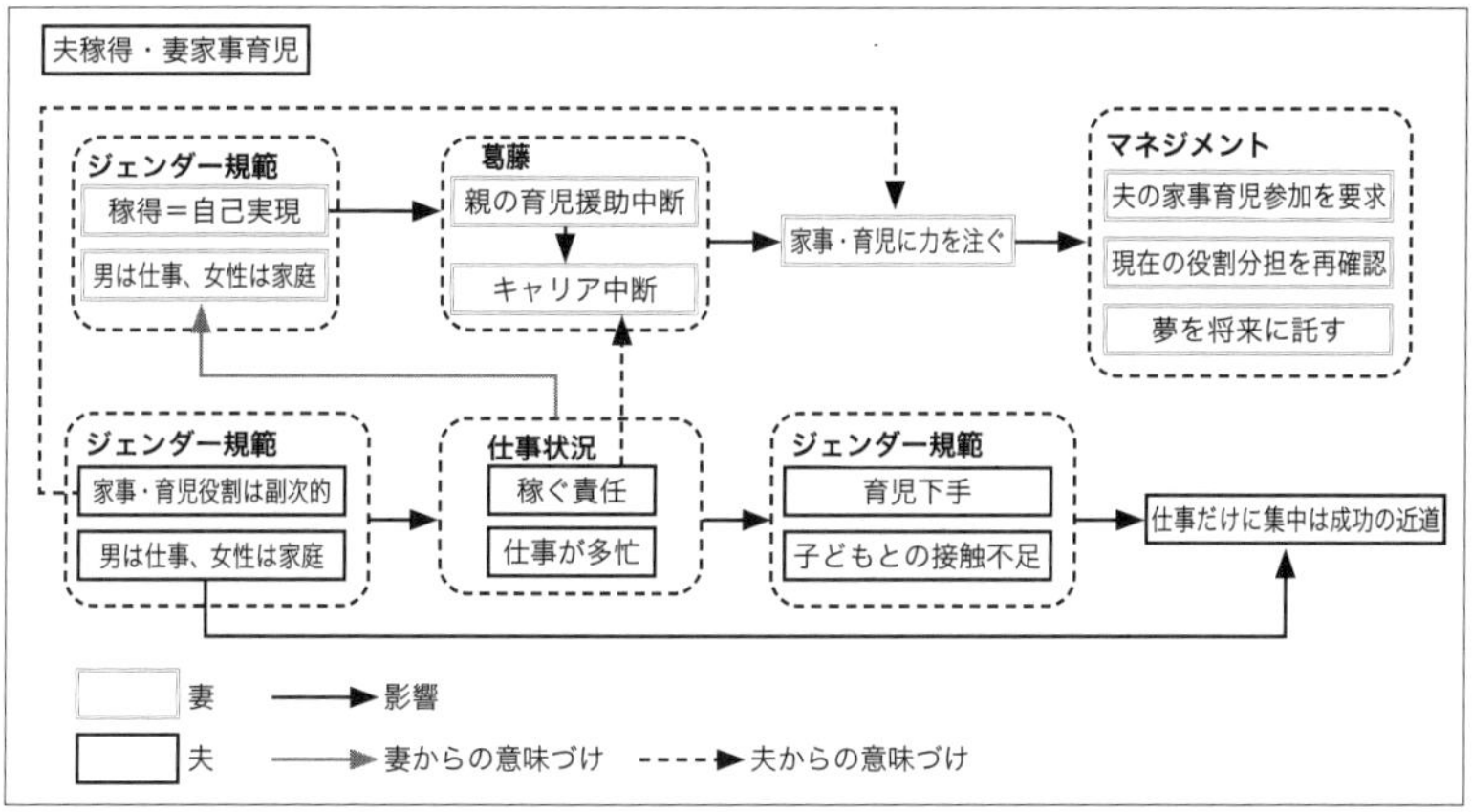

図 7-2　夫婦間の相互作用から見る役割遂行（その 2: 夫稼得・妻家事育児）

男性は、育児を行うことを性別の属性から由来するもの、女性の本能として認識し、80後女性も子どもは自分の手で育つということを意識している。このようなジェンダー意識は江原（1996，2000＝2001）が述べた葛藤をもたらす役割期待の矛盾[24]

24　江原由美子はフェミニズムにおける性別役割研究で明らかにされたことを以下にまとめた。具体的に、「①性別役割が矛盾を含んでいること、②それにもかかわらず性別役割が社会的に維持・強化されていること、③したがって性別役割を維持・強化している社会構造や支配構造が存在すると考えられる」の三点である（江原1996，2000＝2001：22-23）。性別役割における矛盾を具体的に挙げれば、女性が家事・育児を担うことが「女性の当然の役割」、「女性の自然な特性に基づく役割である」と主張されているため、「働く女性は家庭役割・母親役割をおろそかにしているのではないかという罪悪感に苛まれ、逆に主婦は家事労働に従事しながらもそれを「労働」とはみなしえず、『何もせずに』養われていることに引け目を感じさせられてしまう」ということである。このように、「矛盾した社会的定義や役割期待が女性たちのさまざまな葛藤」をと類似し、白水（2006）が挙げた「超良妻賢母」の母親像にも見える。

80後女性は自身の家事・育児役割の正当性を高く評価し、稼得役割と家事・育児役割を同時遂行している場合が多い。一方、男性は家事・育児に参加すべきとの認識を持つが、行動面では追いついていない。つまり、男女問わず稼得、家事・育児に参加すべきとの意識を持っているが、遂行面においては保守的なジェンダー規範に偏っている傾向にある。

このように、第1章の現代のジェンダー意識の部分で取り上げたジェンダー意識の保守化を指す「回潮」（青柳2013）という社会現象について、本研究ではその具体的な様相を、80後男女を通して提示できた。鄭（2012）が行った中国の専業主婦の研究によれば、女性は稼得役割と家事・育児役割の選択において迷っているという。よって、意識面の保守化か、行動面の保守化か、その両側面の関係について、さらに検討する余地があると考える。これについては、考察の部分で論じたい。

生み出し、女性の心身に大きな影響を与えているが、「それらの葛藤を乗り越えるためにさまざまな女性がさまざまな形で模索している」現状がある（江原1996，2000＝2001：22-23）。

第2節　分析結果のまとめ――80後の仕事と家事・育児の現在

本節では、80後女性と80後男性の役割遂行における調整過程を中心にまとめて述べる。第4章では、80後女性の仕事と家事・育児の状況、葛藤、意味づけとマネジメントの側面から分析を行い、最後に70後女性との比較を通して、80後女性の特徴を明らかにした。なお、80後女性の役割遂行の調整過程について図8で提示した。

図8の「意味づけ」の〈家事・育児役割と稼得役割を同時遂行の規範意識〉から、80後女性は家事・育児の主要な役割を担いながらも、稼得役割を果たそうとしていることがわかる。具体的に説明すると、80後女性は家事・育児役割を女性の役割として意味づけていると同時に、稼得役割を自己実現及び、家族内と社会的地位の評価基準となるものとして認識している。80後女性はこの二種類の役割を同時に遂行すべきと考えている一方で、家事・育児役割の遂行に重きを置く傾向が見られた。姜（2009）が指摘した在学中の80後の「平等」と「伝統」の「二重規範」プレッシャーは、80後が育児期に至っても存続されていることが本研究にて確認された。

このような「二重規範」の下で、育児期の80後女性は四つの側面から葛藤を持っていることを図7の「葛藤」の部分で提示した。具体的に、まずは、〈仕事と家事・育児の葛藤〉がある。「仕

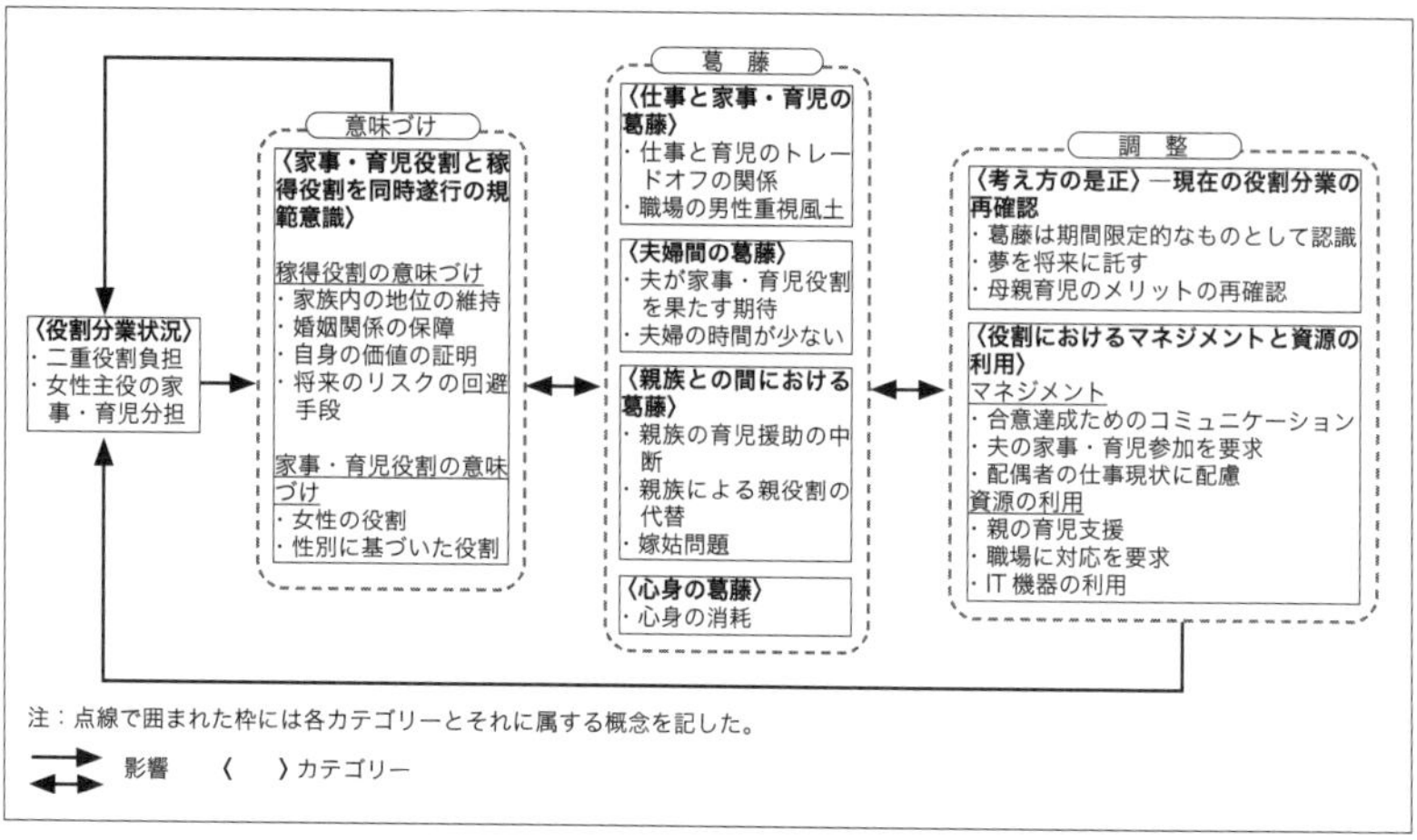

注：点線で囲まれた枠には各カテゴリーとそれに属する概念を記した。

図８　80 後女性の役割遂行ー正当化の循環

事と家事・育児においてトレードオフ」の関係が生じ、80後女性の葛藤となった。「職場の男性重視風土」による影響と相まって、仕事と家事・育児の葛藤が一層強まる。出産後に仕事復帰できたとしても仕事を転々としたケースや、昇進の機会を失ったケースがあったように、市場経済で子どもを持つ女性が不利な立場にいる（趙２００３、潘２００９、周２０１３）状況が、本研究でも見られた。

また、〈夫婦間の葛藤〉がある。夫婦関係に関して、妻が「夫の家事・育児参加を期待」しても、夫が妻の期待に応えないことや、仕事と家事・育児で「夫婦二人の時間が少な」くなったことが80後女性に問題視されていた。さらに、〈親族との間における葛藤〉がある。親の育児援助に対しては、親役割の代替や、援助の不安定さなどにより、80後女性の葛藤が一層強まっていた。最後に、〈心身の葛藤〉として、稼得役割と家事・育児役割の調整において精神面および、体力面にストレスがかかっていることもわかった。

以上のような役割遂行状況に対する調整について、図8の「調整」部分で提示した。具体的に、〈考え方の是正〉及び〈役割におけるマネジメントと資源の利用〉が見られた。例えば、80後女性は現在の役割分業の合理性を確認すること、キャリアの追求を将来に託すことを通して正当化を図っている。また、家事・育児と仕事の同時遂行にあたり、役割分担について夫と交渉し、働き方について職場と交渉するなどのマネジメントや、親族などの育児援助を活用していることがわかった。

本研究では70後女性との比較を行った結果、80後女性の稼得役割と家事・育児役割遂行におけるいくつかの特徴が明らかとなった。稼得役割と家事・育児役割の同時遂行を推奨する意識は70後および80後女性に共通して見られたが、内実は異なり、その相違点は80後女性の特徴と言える。つまり、80後女性は家事・育児役割遂行を自分の役割として認識しながら、稼得役割は家族における地位の維持や向上を図れるものだけではなく、自己実現につながることを強調している。しかし、80後女性の就業環境は決してよいとは言えず、家庭と仕事は二者択一の関係に陥りやすく、葛藤が生じやすくなる。葛藤を抱えた際に頼れる親族の援助はあるものの、70後の親族ネットワークより規模が小さくなり、職場の育児支援や福利厚生などの利用も少ない。そして、現在の葛藤の解決を将来に託していることも80後女性の特徴だと言える。先行研究では、80後は両親からのサポートを受け、親族への依存度が高く、育児の責任を全て自分の親に任せてしまうのではないか（胡２０１０）としばしば推測されている。しかし、本研究では80後家族は親の育児援助を受けているが、必ずしも親の育児支援の質に満足しているとは限らず、親からの育児支援を低く評価する場合があり、依存ばかりではなく、自分自身の育児方針を貫徹しようとする姿が見られた。また、近居でありながらも、親が就業や病気などで安定した育児支援の提供者でいられなくなったことにより、80後は必ずしも以前の世代よりもよい育児環境であるとは言えない状況の中で、育児に力を注いでいるのではないかと考えられる。

第5章では、80後男性の仕事と家事・育児における遂行状況、葛藤、意味づけとマネジメントの側面に注目し、分析を行った。また、70後男性との比較を通して、80後男性の特徴について論じた。80後男性の役割遂行における過程を図9で提示した。本節ではそれに沿って、80後

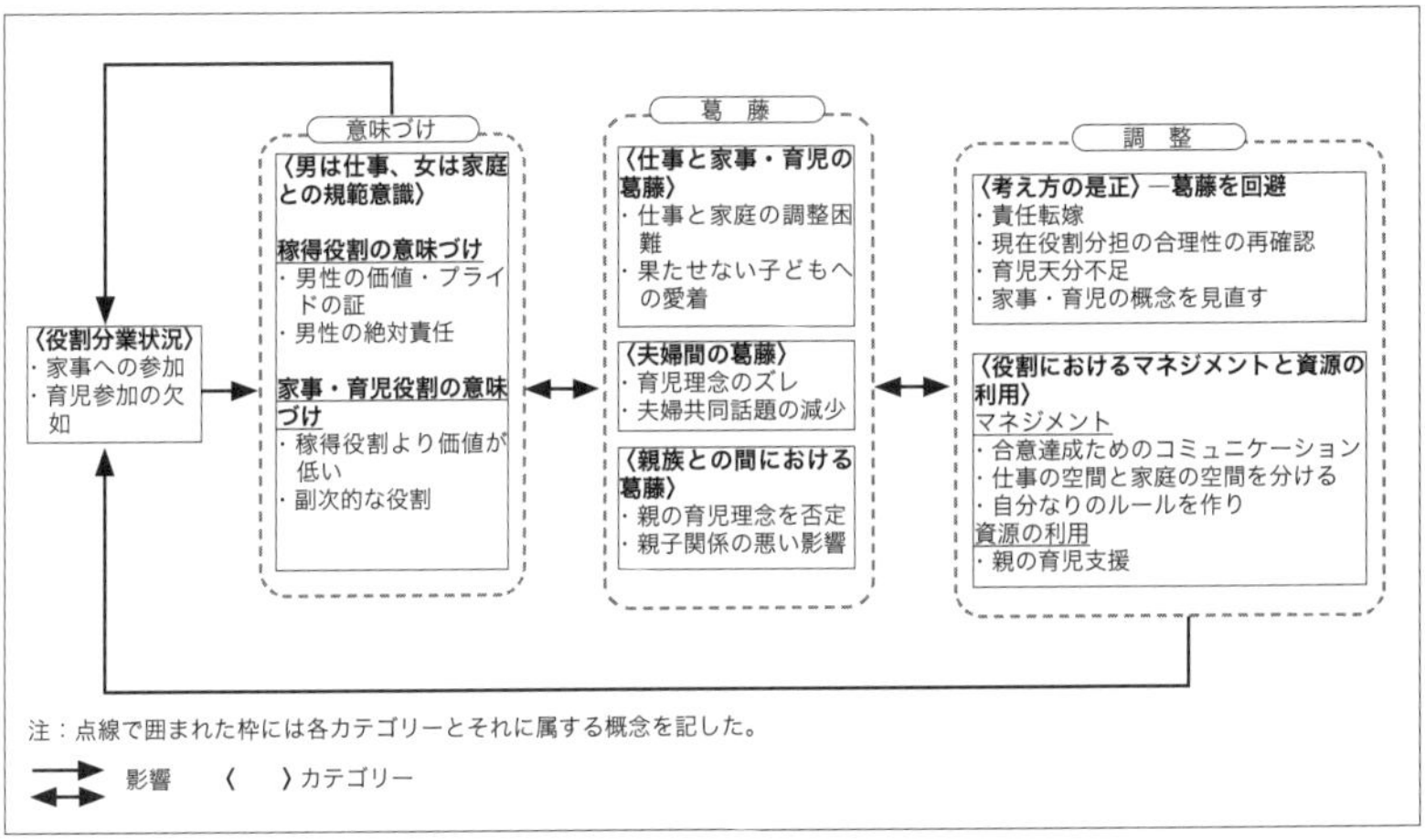

注：点線で囲まれた枠には各カテゴリーとそれに属する概念を記した。

図９　80後男性の役割遂行─正当化の循環

男性の役割遂行の過程をまとめて述べていく。

80後男性は稼得役割を主な役割として担う意識が高いと同時に、家事・育児に参加すべきとの意識を持つ。〈役割分業状況〉で提示した遂行面では、家事・育児役割について、家事参加をある程度やっているが、育児への参加が少ない傾向にある。つまり、稼得役割の遂行を主な役割として、家事・育児役割の遂行は副次的なものとして見なしていることがわかった。そして、役割遂行に対する男性の考えを「意味づけ」の部分で提示した。80後男性は稼得役割を「男性の価値・プライド」を維持するための重要な役割として意味づけしている。同時に、稼得役割を重要視する男性には家庭内でも主導権を握るべきとの考えが見られた。

このような〈役割分業状況〉において、80後男性は三つの側面から「葛藤」を持っていることがわかった。まず、80後男性は、〈仕事と家事・育児の葛藤〉がある。仕事が多忙であると述べながら、自分の育児参加が不足していることを問題視し、仕事と育児の調整に葛藤を抱えている。また、〈夫婦間の葛藤〉がある。80後男性は自身の育児参加の欠如は、育児に関する考え方の夫婦間のズレを引き起こし、夫婦間の摩擦の引き金になっていると評している。そして、育児参加の欠如が夫婦間のコミュニケーションの質にマイナスの影響をもたらしていることについて葛藤を感じている。また、〈親族との間における葛藤〉として、親族の育児援助の質に疑問を持っていることが80後男性に葛藤を持たせている。80後男性の葛藤は、矢澤ら（2003）の都市部の育児研究で見られた父親の仕事と家事の両立困難や、配偶者とのコミュニケーション不足などの葛藤と類似している。このような父親の葛藤が生じる理由として、石井クンツ（2013）は、ラロッサの知見を援用し、アメリカでは父親が積極的に育児参加すべきという意識が行動より先行している実態を提示した。続いて、育児参加の意識と行動の乖離は父親に葛藤をもたらしていると指摘し、最終的には日本とアメリカの父親が同じような葛藤を持っていることを示唆した。本研究でも似たような葛藤が確認され、市場経済が進展する社会主義中国の父親も、資本主義体制である日本とアメリカの父親と似たような境遇にあると言えよう。

葛藤に対し、80後男性は〈考え方の是正〉及び〈役割におけるマネジメントと資源の利用〉の「調整」を行った。例えば、80後男性は仕事の調整困難を強調することで責任を外部に転嫁することや、現在の役割分担の合理性を強調することで正当化を図っている。80後男性が役割を遂行するにあたり、役割分担について妻との交渉や、自分なりのルールの作成といったマネジメントが行われ、親族からの援助も活用されていることがわかった。

また、80後男性は70後男性ほど育児参加ができていないことがわかった一方で、80後男性は父親が育児を行うべきとの認識を持っている。70後男性よりも、80後男性のほうが仕事における調整が難しく、福利厚生が乏しいため、仕事と家事・育児における葛藤が深刻化している恐れがある。両役割の同時遂行の難しさと稼得役割の正当性を認める意識により、80後男性は70後男性よりも稼得役割に力を注いでいることが特徴として見られた。80後男性が追求する男性は70後男性よりも、近代家族モデルで提示された男性が仕事を優先するような父親像に近いと考える。Coltrane&Ishii-Kuntz（1992）や徐ら（２００９）はリベラルなジェンダー規範をもつ父親ほど、育児をしていると指摘した。一方、育児をすることで、非保守的なジェンダー規範を持つことになる（庭野２００７）との意見もある。

本研究では、80後男性と70後男性の育児役割の遂行とジェンダー規範の調整過程から、中国男性の育児に関するジェンダー規範と育児参加の関係を考察した。結果として、リベラルなジェンダー規範が提唱される社会環境を背景に、たとえ保守的なジェンダー意識を持っていたとしても、社会資源が獲得しやすい男性の場合は育児に参加し、リベラルなジェンダー意識の獲得にもつながっていた（70後男性の場合）。それに対し、リベラルなジェンダー意識を持っていても、社会資源を獲得しにくく、思い通りに育児参加ができない場合は保守的なジェンダー規範の遂行に逃走しがちである（80後男性の場合）ことが示唆された。

以上、第４章と第５章でみられた80後女性と男性のライフスタイルの選択過程、特徴を概観した。ここから80後家族に見られた特徴を70後と比べながらまとめて述べる。70後は80後より、比較的にワークライフバランスが取れているケースが目立つ。70後は家族の援助と社会資源を活用することで稼得役割と家事・育児役割の同時遂行で生じる葛藤を回避しえた。一方、80後の場合には資源の乏しさによって葛藤が大きくなっていた。

80後のライフスタイル選択過程の特徴として、自己本位的でリスクを伴うことが挙げられる。

70後の役割遂行においては、それは家族の存続のためであり、そして、稼得役割と家事・育児役割の遂行は支え合う関係であるとの意識の下で、仕事と家事・育児マネジメントが行われていた。これに対し、80後は自己実現を重視し、自分の欲求の充足を出発点とし、葛藤に対する対処は精神的な是正がほとんどであるため、思っていたことを実現できない際に積み重なった葛藤が一気に噴出するリスクが見えた。于（2008）は中国の50後と60後の世代を比較し、60後世代において「前近代的」な要素を帯びている「近代的」、「脱近代的」な「個」の意識が芽生えたと示唆した。その続きとして、本研究の結果からは、70後以降の世代では徐々に「前近代的」な影響が薄まり、「脱近代」的な「個」を形成しているのではないかということが推察できる。80後家族は「前近代的」、「近代的」の要素があるものの、以前の世代と比べ、異なる特性を持つ。グローバル化の条件でのアジア諸地域の「近代化」は欧米や日本が経験する「古典的な近代化」とは異なり、「『前近代』から『脱近代』への直接移行のようにも思える」という落合（2007：305）の指摘と類似する様相が80後家族からは見られた。

第3節　本研究の結論

第1項　80後家族のライフスタイルの選択過程の特徴

石（2015）の研究で提示した「個人化」、「伝統」、「矛盾」の80後家族の特徴について、本研究では80後女性と80後男性の稼得役割と家事・育児役割の遂行の分析を通して、「個人化」、「伝統」、「矛盾」の具体的な様相を提示した。換言すれば、80後のライフスタイル選択過程には常に保守的なジェンダー規範と男女平等のリベラルなジェンダー規範との絡まりが存在している。このようなジェンダー規範と社会資源の多寡、社会構造の変動が、80後のライフスタイルに及ぼす影響は大きい。

役割遂行の意味づけから見出されるジェンダー規範からの葛藤は、80後のほうが70後より深刻化していることがわかった。80後は男女を問わず、男女平等のジェンダー規範に肯定的である。にもかかわらず、遂行面から見ると、社会資源を調達し、両親や配偶者と役割分担を調整した結果として、保守的なジェンダー規範に従う形となっている80後家族が多い。自分自身の意識を是正し、正当化する過程において、80後の仕事と家事・育児は保守的なジェンダー規範に徐々に偏ってしまう傾向がある。

なぜ中国ではこのようなジェンダー規範の矛盾が存在するのかについて、鄭（２０１２）の中国の専業主婦の研究からいくつかの知見が示されている。鄭（２０１２）によると、中国政府は、労働市場で活躍することにより平等な社会地位を獲得する「女性像」を提唱する。その一方で、家庭において、「男強女弱」の勢力関係を是認し、性別役割分業を引き受ける「女性像」を求める。その結果、女性は二つの相反する規範の間に置かれるようになった。この歴史的経緯は、計画経済期において女性の労働参加を提唱する一方で、家庭内の役割について家父長制の役割分業が維持されていたことによるものである（瀬地山１９９６、鄭２０１２）。これに加え、改革開放政策が実施され、市場経済の導入で企業が女性労働を低く評価し、女性と男性の収入の格差が大きくなった（馬２００７）ため、女性は稼得役割を重視すべきか、家事・育児役割を重視すべきかの選択を常に迫られるようになった（鄭２０１２）。

本研究では、70後、80後の女性だけではなく、男性も保守的なジェンダー規範とリベラルなジェンダー規範の二つの規範の間で葛藤していることがうかがえた。また、70後と80後女性における葛藤の具体的な様相を提示しながら、葛藤の正当化をする過程を分析したところ、80後は70後より稼得役割にこだわり、仕事と家事・育児の調整に葛藤している様子が見られた。概して、80後男性が自身の家事・育児の不足を自覚しているにもかかわらず、参加できないままであること、80後女性がキャリアアップを期待しているにもかかわらず、実現しづらい状態となっていることが言える。鄭（２０１２）の知見から推論すると、80後における仕事と家事・育児の葛藤がさらに深刻化した要因は、市場経済の発展による男女賃金の格差の増大であると考えられる。

しかし、本研究で行った70後と80後の社会資源利用の比較からはそれだけではなく、社会資源へのアクセスの利便性と深く関わっていることが示唆された。以下で具体的に述べていく。「単位」社会では仕事と家事・育児が一つの組織「単位」に包摂され、また同じ職場で働く同僚は同じ地域の宿舎に住み、家族全員同じ「単位」で働く場合もあり、組織内のネットワークが強い。また、70後の社会資源は手軽に利用できる統一配分されたものであり、購入できる社会資源も限られていたため、人々が利用する社会資源の均質性が高い。その一方で、80後は「単位」社会の附属保育園や食堂、宿舎などのような包摂的な福利厚生はなく、住宅の商品化により、隣人は同じ会社で働く同僚でなくなり、知らない他人となった。このように、80後は自分たちを包摂する「単位」がなく、分配もないため、自ら資源を統合しないといけなくなり、必要な社会資源を購入しなければならない境遇になった。サービス（社会資源）を購入するため、80後にとって稼得が更に重要視すべきものになったのも当然のことと言えるだろう。市場経済の導入、推進で購買できるサービス（社会資源）が豊富になる一方で、80後では財力の多寡により、入手できる資源の質に差異が生じた。このように、育児資源の確保は個々人に委ねられ、収入による格差が顕在化しつつある。この影響を受け、稼得役割へのこだわりの増大が見られるようになり、女性だけではなく、男性も大きく影響されていると言えよう。

また、一人っ子であることは80後のジェンダー規範からの葛藤が増大する原因になったと考えられる。血統主義が残存している中国で一人っ子政策を実施することによって、男性も女性も後継人（男性）になれるように男性らしく育てられてしまった（李２０１６）。そのために、80後の女性に、男性と同じようになるというようなこだわりが一層増してしまう恐れがある。男女平等の国策に基づいた学校教育では業績主義における評価がある程度維持できていたが、労働市場における評価は性別という属性に基づく評価基準に転換したといえる。80後女性は学校の成績が男性より良く（楊２０１４）、在学中は男性に負けないあるいは男性より強い能力（成績）を持っているために、職場における差別、収入格差を経験することにより、ジェンダー規範からの葛藤が一層増してしまうと考えられる。

このように、社会主義社会政策による男女平等のイデオロギーが推進される反面、男児重視、血縁重視の価値観も根深い社会背景の下で、80後は生活を営んでいる。本研究において提示したように、80後女性は保守的なジェンダー規範あるいは男女平等のジェンダー規範を選択するというよりも、二つの規範を同時に持つ傾向があり、80後男性は家事・育児への関心も示している。よって、Hochschild (1989) の「セカンド・シフト」、松田 (2001) の「新・性別役割分業」と似たような状況が中国でも確認されたと言える。

しかし、ここで留意すべき中国の特徴を二点ほど述べる。一点目は、中国の「新・性別役割分業」の形成過程はアメリカ、日本のそれとは異なることである。資本主義制度の日本では「男性は仕事、女性は家庭」のような近代家族が未だ多い中で「新・性別役割分業」が見られるようになってきたが、それはまだ「新」分業である。それに対し、第1章で提示した中国の家父長制の歴史的経験から、国家が主体となり、女性の就業を提唱した故に、男児重視、血縁重視と男女平等の矛盾した価値観が共存する土壌が形成された可能性が示唆された。そして、中国では、女性は家事・育児役割の主たる担い手でありながら稼得役割を果たし、男性は稼得役割を中心としながら家事・育児を手伝うという「新・性別役割分業」のジェンダー規範が、建国直後から定着しつつあったと言えよう。例えば、第1章で示した社会調査では、中国の女性の就業率の高さが示されると同時に、家事・育児の主役を担っているのも女性であり、また男性もある程度は家事・育児に参加していることも明らかにされている。さらに、本研究の分析結果からは、家事・育児役割の同時遂行は難しく、稼得役割の遂行を中心とする女性が批判の対象となること、家事・育児役割のみを遂行する専業母は称賛されないこと、男性が育児参加できないことに葛藤するなどの様相が見られた。先行研究の知見を踏まえ、本件研究の結果から考えれば、これらの様相をもたらしたのは、前述した矛盾するジェンダー規範の作用といえるだろう。

二点目は世代ごとに家族の位置づけに違いが見られることである。80後と比べ、70後は家族を優先している。80後の役割遂行では自己本位的で個人的な目標を優先している傾向であるが、70後の場合はより家族の目標を優先していることが本研究の分析結果から示唆された。于（2008）が中国の50後と60後（2008年当時35歳~65歳）の両世代を比較したところ、60後は前世代より、「近代的」、「脱近代」な特徴を持つ「個」が見られた。本研究の結果からは「近代的」な色彩を帯びる70後と比べ、80後の「個」はより「脱近代」的になったと言うことができる。70後の歴史的経験から考えると、70後またそれ以前の世代の育児期は「単位」に包括され、一律性が高かった。改革開放が推進されるにつれ、一律であった生活基盤の衰退が、価値観の多様化の土台となり、80後は70後ほど拘束されなくなり、役割の遂行がより個人的なものとなるという結果に至る。「個」の意識の増大は江原（2013）がいう「セルフコントロール感」の強化につながると考えられる。よって、第1章、第2章で取り上げた現在の中国に見られたジェンダー意識の「保守化」や、女性の就業率の低下及び、主婦の出現は、単にジェンダー意識が保守化したことだけによるものとはいえず、視点を変えて見れば、個人がそれぞれに多様なライフスタイルを選択しているという一面もあるといえる。

第2項　80後の社会主義的近代化における家族変動

80後家族は「近代家族」的な側面を有する。石塚（2014）と同様に、本研究でも、80後女性は家事・育児を本業として行うという意識を持ち、80後男性は稼得役割に執着するという「近代家族」的なジェンダー規範が見られた。

80後家族について論じる前に、まず比較対象である70後家族を見てみよう。70後家族の分析結果からわかるように、70後は保守的なジェンダー規範をしばしば「伝統」として認識している。本研究から70後の「伝統」規範の遂行には二つの側面が見られた。一つ目は前近代的な家族主義からなる側面である。二つ目は近代家族の性別役割分業からなる側面であり、70後男性は「近代家族」の性別役割分業を、豊かな先進国社会の進んだ価値観として認識している。よって、70後は儒教の家父長制のジェンダー規範と近代家族の性別役割分業を融合したジェンダー意識の下に、役割を遂行していることがわかる。つまり、70後にとっての家族とは家族主義に基づいた運命共同体であると推察できる。さらに、70後男性と女性が行った役割の遂行、役割のマネジメントは家族の維持を前提に行われたことであり、70後にとって家族は安定的な存在として認識されていると考えられる。

80後にも、「近代家族」の様相が見られ、性別役割分業意識の保守化が統計上で明らかにされ、本研究でも女性は家事・育児を主な役割とし、男性は稼得役割の遂行に熱心であるとの性別役割分業が見られた。しかし、80後の性別役割分業の遂行は家族の維持よりも、「自己実現」のためである傾向が見られた。80後は、家族がリスクを伴うものになっていることに気付いている。70後の家族主義的な家族観と異なり、80後は個人として家族と関わり、家族の有限性を了承するところがあり、以前の世代と比べより「脱近代」的な様相が多くみられるようになったと考えられる。

このように、70後は家族や夫婦関係の維持を重視しながら仕事と家事・育児を調整していたが、80後は70後と比べて自分の欲求を重視していることが本研究の分析から明らかになった。また、保守的なジェンダー規範とリベラルなジェンダー規範が共存する中国のジェンダー規範が、70後家族には葛藤をもたらすというよりもむしろ葛藤を緩和する効果を発揮していることから、70後家族は「近代家族」の安定性を有していることがわかる。その一方で、中国のジェンダー規範は、80後の場合、「個」の追求と相まって作用する形となる。結果として、仕事と家事・育児における葛藤がもたらされ、80後家族は70後家族よりも不安定な状態に陥りやすいと考えられる。

第4節　本研究の示唆と意義

本節では本研究の示唆と意義を学術、政策、教育・実践的側面に分類して述べる。

第1項　学術的示唆

①　80後研究への示唆

今まで、一人っ子である80後研究は必ずしも実証研究であったわけではなく、かつ80後が持つほかの世代との異なりを是正することで、80後の生殖家族を維持する方法に関する研究が多かったために、80後家族の実態を把握できているとは言い難い。本研究はインタビュー調査のデータを分析し、80後自身の語りから、80後がどのように家族を営み、家族内の役割をどのように認識するかを明らかにした点に、独自性があると考える。80後自身へのヒアリングを通した、80後の稼得役割と家事・育児役割の遂行の状況、葛藤、意味づけ、マネジメントと社会資源の利用という分析視点から考察したことによって、80後家族の仕事と家事・育児調整のプロセスの具体的な様相も提示できた。また、役割遂行と調整のプロセスにおいて、ジェンダー規範とどのように連動するのかも明らかにしたことで、圧縮的な近代を経験する中国で生きる80

後の多様な価値観の絡み合いの詳細を提示できたと考える。

② 中国の家族変動への示唆

80後家族に主眼をおいて、70後家族と比較しながら社会主義的近代化の中の家族変動を捉えることができたことは本研究におけるもう一つの意義である。

本研究では70後と80後の比較を通して、中国の市場経済の発展による、家族変動の方向性を見出した。近代家族の特徴である「家内領域と公共領域の分離」については、80後のほうが70後より大きく「分離」する傾向にあると言える。「家族構成員相互の情緒的関係」について、80後は70後夫婦よりも強くなる傾向がある。また、70後も80後も育児への関心が強いことから、子ども中心主義であるとわかった。性別役割分業について、統計上に見られた女性労働率の減少について、本研究では異なる視点から考察した。80後女性の保守的なジェンダー規範の遂行には戦略的な側面があり、女性の就労中断を女性のジェンダー意識の「保守化」と同義にするには尚早であるとの見解を提示した。ほかに、近代家族に特徴的な「家族の集団性の強化、社交の衰退とプライバシーの成立、非親族排除」について、80後は70後より核家族の自律性が高く、70後ほど親族ネットワークが広くなく、主に両親で留まるケースが見られた。それと同時に、80後が家族の脆弱性を自覚しているように、これからの世代にとって、家族は安定的なものではなくなり、そして、かれらのライフコースも多様化するのであろう。

第2項　政策への示唆

日本社会における育児世代への政策的支援が不足していることについて、石井クンツ（2018：35）は「長い間、家族の問題は家族の責任で解決するのが当たり前であった」と指摘する。「多様な支援体制の長所を考慮しながら、政府、地方自治体、企業、労働組合、教育者、NPO団体などが協働して男性の育児・家事参加を促進・支援していく『しくみ作り』」を石井クンツ（2018：38）は呼びかけている。本研究の結果からも、リベラルなジェンダー意識として日本で定着しつつある「育メン」現象の活気を維持するために、育児参加したい父親に対してより快適な育児環境を提供できる「しくみ」作りの重要性が改めて確認できた。

中国の育児期の男女は日本と似たような境遇にあるとも言える。日本のみならず、中国の現行の育児に関する政策には女性が主要なケア役割の担い手であるという意識が潜んでいる（田

２０１７）。現在では各省に男性の育児に関する条例はあるものの、まだ地域ごとで取り込み方に温度差があり、具体的な施行状況も不透明なままである。仕事と家事・育児をめぐって葛藤する状況は女性の問題としてしばしば取り上げられているものだが、仕事と家事・育児の役割を同時に遂行することの「二重役割」の負担は、女性だけではなく男性にも存在するものである（石井クンツ２０１８）。本研究の分析結果を通して、現在育児期である80後男性には、家事・育児役割遂行と仕事との間の調整に葛藤が存在することが確認できた。それと同時に、男性の家事・育児参加の欠如は女性のキャリア維持、ワークライフバランスに負の影響をもたらしていることもわかった。中国は一刻も早く日本のように父親も取得できる育児休業制度を設けるべきである。それは、急速な高齢化、晩婚化を迎える現在の中国の社会問題の改善にも役に立つと言えるであろう。

第3項　教育・実践への示唆

中国は家族のネットワークが強いという印象が先行しすぎて、先行研究においては社会変化に伴う家族と個人の関係への関心が薄まっている。しかし、社会の流動性が高くなるに連れて親族ネットワークが強まるのか弱まるのかという問題と、80後が親族ネットワークを積極的に利用するのかどうかという別々の二つの問題への検討が必要であると考えられる。本研究では、80後には仕事と家事・育児の葛藤を、親族や社会資源の利用で解消しようとする部分もあるが、個人内部で解消を図る傾向もあることが明らかになった。「個人化」についての論はここでは展開しないが、80後とそれ以降の世代には個人に対する心理的支援が必要となってくると考えられる。

現在、中国の学校には、心理カウンセラーの専門資格を持つ専門員が常駐する心理相談室が常設されている。学校のみならず、会社や社区においても、ストレスチェックや悩み相談室などを設置する必要がある。そして、社区内におけるワークライフバランスの交流会の開催など、社区内の「つながり」へアクセスする機会を積極的に、育児世代に提供すべきと考える。「産後うつ病」で自殺を図るニュースが中国で問題になったが、上述の提案は社会問題の改善につながるといえる。

第5節　本研究の限界と今後の課題

第1項　中国社会の多様性、家族問題の多様性への目配り

本研究では、中国の東部沿海に立地する山東省の都市部において調査を実施した。調査対象は一人っ子同士かつ、80後、70後同士の漢民族、異性愛夫婦である。対象者の選定に際しては調査実施の可能性や一人っ子世代である80後の特徴を図る戦略的な考慮を十分に行い、また80後のライフスタイルの特徴や中国のジェンダー規範、家族変動の方向性を提示できたことから、一定の成果が得られたと考える。

しかし、中国は多民族国家である上、国営、民営経済が共存する社会主義国家体制であり、さらに都市と農村の二元化社会でもあり、また沿岸部と内陸部経済発展の差がある多様で重層的な社会である。また、調査地である山東省は儒教の影響が強く、家族を重視する地域であるため、山東省でみられたジェンダー規範は中国全国において、「保守的」の可能性がないとは言い切れない。よって、80後およびそれ以降の世代を考察する際に、上述した中国社会の多重性を考慮し、地域、民族、戸籍、文化の相違を考慮した調査を行う必要がある。今後は、中国

社会の多様性に注目しつつ、データを収集し、課題を検討していきたい。

また、本研究では中国の家族変動を論じるにあたり、近代家族論を導入した。それによって70後と80後の2世代の仕事と家事・育児からライフスタイルの比較を行い、近代家族の特徴と照らし合わせ、80後家族に見られた家族変動の様相をまとめることができた。しかし、近代家族の特徴である「家族の集団性の強化、社交の衰退とプライバシーの成立、非親族排除」落合（1994＝2013：103）に関する議論は、本研究の核家族内の仕事と家事・育児の調整からの視点のほかに、世代間関係や、親族ネットワークの視点からさらに展開する必要があると考えられる。この点において、本研究の近代家族論における分析の限界であり、今後の課題としたい。

第2項　家事・育児に関する夫婦間の相互作用自体への目配り

本研究では、80後及び70後の仕事と家事・育児における調整のプロセスの詳細を提示という問題関心の下で、分析を性別ごとに行った。そして、女性の分析でみられた夫婦間の相互作用として、役割遂行における夫からの評価や夫に対する交渉、交渉に対する夫の対応、夫の対応による妻への役割遂行の影響などの詳細を明らかにした。また、男性の分析も女性の分析と同様に展開し、女性の分析結果と相応する知見を得られた。夫婦間における交渉の一部とその交渉の結果、互いの役割遂行に関する相手からの意味づけの確認は本研究のデータがペアデータであったからこそできたことと言える。しかし、夫婦同席のデータを加えれば、夫婦間の相互作用自体を更に分析できると考えられる。したがって、夫婦の相互作用自体に注目していくことを、今後の課題とする。

参考文献

【A】

青樹明子，２００５，『「小皇帝」世代の中国』新潮社．

青柳涼子，２０１３，「第八章 家族意識と家族生活―第二節性役割意識を規定する要因」石原邦夫，青柳涼子，田渕六郎，『現代中国家族の多面性』弘文堂，２２１‐２２８．

青柳涼子，石原邦夫，２０１３，「終章 現代中国家族の多面的理解を目指す―第一節現代中国家族と家族制度」石原邦夫，青柳涼子，田渕六郎，『現代中国家族の多面性』弘文堂，２３５‐２３８．

Ariès, Philippe., 1960 = 1980,L'enfant et la vie familiale sous l'ancien regime, Paris.（＝杉山光信，杉山恵美子訳『「子供」の誕生―アンシャン・レジーム期の子供と家族生活』みすず書房）．

【B】

Badinter, Elisabeth., 1980 = 1991,L'amour en plus : Histoire de l'amour maternel（XVIIe-XXe

siècle) Flammarion（＝鈴木晶訳『母性という神話』筑摩書房）．
包蕾萍，２０１４，「中国独生子女生命历程—国家视野下的一种制度化选择」胡苏云编『性别影响力』上海社会科学院出版社（ＡＰＰ電子版）．
Blumer, Herbert.' 1969＝1991' Symbolic Interactionism: Perspective and Method.（＝後藤将之訳『シンボリック相互作用論――パースペクティヴと方法』，勁草書房）．
Butler, Judith.' 1990 ＝ 1999' Gender Trouble: Feminism and Subversion of Identity. New York and London: Routledge.（＝竹村和子訳『ジェンダー・トラブル―フェミニズムとアイデンティティの攪乱』青土社）．

【C】

常进锋，陆卫群，２０１３，「『80后』青年离婚率趋高的社会学分析」『青年探索』（５）：78－82.
Chang,Kyung-Sup.,2013,「個人主義なき個人化—『圧縮された近代』と東アジアの曖昧な家族危機」落合恵美子編『変容する親密圏／公共圏　１親密圏と公共圏の再編成—アジア近代からの問い』京都大学学術出版会，39－65.

陳立行，２０００，「中国都市における地域社会の実像―『単位』社会から『社区』社会への転換」菱田雅治編『現代中国の構造変動５社会―国家との共棲関係』東京大学出版会，１３７－１６２．

陈蒙，２０１８，「城市中产阶层女性的理想母职叙事——一项基于上海家庭的质性研究」『妇女研究论丛』（２）：55－66．

程福财，２０１２，「家庭、国家与儿童福利供给」『青年研究』（１）：50－56．

千田有紀，２０１０，「フェミニズム論と家族研究」『家族社会学研究』22（２）：１９０－２００．

Coltrane, Scott.,& Ishii-Kuntz, Masako.,1992, "Men's Housework: A Life Course Perspective" Journal of Marriage and the Family, 54：43－57．

【D】

第二期中国婦女社会地位調査課題組，２００１，「第二期中国妇女社会地位抽样调查主要数据报告」『妇女研究丛书』42（5）：4－12．

第三期中国婦女社会地位調査課題組，２０１１，「第三期中国妇女社会地位调查主要数据报告」

『妇女研究论丛』108（6）：5－15．

丁东红，2011，『变革社会中的性别平等问题』中共中央党校出版社．

丁娟，1998＝2001，「二〇世紀中国の『女性主義』思想」江上幸子訳，秋山洋子，江上幸子，田畑佐和子，前山加奈子編訳『中国の女性学―平等幻想に挑む』勁草書房，175－189．


【E】


江原由美子，1996，2000＝2001，「女性学・フェミニズム・ジェンダー研究」「家計経済研究」(32) 江原由美子『フェミニズムのパラドックス』収録，勁草書房，14－32．

――――，2001，『ジェンダー秩序』勁草書房．

――――，2013．「フェミニズムと家族」『社会学評論』64（4）：553－571．

江原由美子・長谷川公一・山田昌弘・天木志保美・安川一・伊藤るり，1989，『ジェンダーの社会学―女たち／男たちの世界』新曜社．


【F】

方向新，1993，「家族主义精神与人口控制」『人口研究』17（1）：41－45．

費孝通，１９８５，２０１１＝２０１３，『乡土中国・生育制度・乡土重建』商务印书馆．

风笑天，１９９２，「论城市独生子女家庭的社会特征」『社会学研究』（１）：１０８－１１６．

――――，２０００，「独生子女青年的社会化过程及其结果」『中国社会科学』（６）：１１８－１３１．２０８．

――――，２００２，「中国独生子女研究：回顾与前瞻」『江海学刊』（５）：90－99．

――――，２００５，「中国第一代城市独生子女的社会适应」『教育研究』３０９（10）：28－34．

――――，２００６，「第一代独生子女婚后居住方式一项12城市的调查分析」『人口研究第30卷』（5）：57－63．

Fong,Vanessa L.,2004,Only Hope: Coming of Age Under China's One-Child Policy, Stanford University Press.

Freedman, Maurice.,1958, 1965 = 2000, Lineage Organization in Southeastern China（=刘晓春译『中国东南的宗族组织』上海人民出版社）．


【G】

外務省中国・モンゴル第二課，２０１８，「最近の中国経済と日中経済関係」https://www.mofa.

go.jp/mofaj/files/000007735.pdf（取得日：２０１８年11月14日）．

Goode,W.1982＝1986，『家庭』魏章玲訳，社会科学文献出版社．


【H】


濱島朗，竹内郁夫，石川晃弘，１９７７＝２００２，『社会学小辞典（新版）』有斐閣．

韩央迪，２０１４，「转型期中国的家庭变迁与家庭政策重构——基于上海的观察与反思」『江淮论坛』（６）：１３６‐１４１．

何燕侠，２００５，『現代中国の法とジェンダー』尚学社．

Hochschild.A.1989,The Second Shift:Working parents and the Revolution at Home.（田中和子訳，１９９０『セカンド・シフト：アメリカ共働き革命の今』朝日新聞社）．

堀眞由美，王暁丹，林莉珊，林飛燕，林逸昇，２０１１，「台湾と中国のワークライフバランスの一考察」『白鴎大学論集』26（2）：71‐97．

黄洪基，邓蕾，陈宁，陆烨，２００９，「关于80后的研究文献综述」『中国青年研究』（７）：４‐13．

胡向明，２０１０，「80后城市独生子女之父母校色代替现象分析」『中国青年研究』（９）：

68－72.
胡暁红，2010，「『80后』家庭『零家务』的社会学反思」『青年研究』（11）：85－88．98．

【I】


石井クンツ昌子，2011，「米国の家族と社会学研究―変容・現状・多様性」『家族社会学研究』23（2）：186－195．

―――，2013，『「育メン」現象の社会学―育児子育て参加への希望を叶えるために』ミネルヴァ書房．

―――，2018，「育児・家事と男性労働」『日本労働研究雑誌』669（10）：27－39．

石原邦雄，2013，「第一章家族形態と親族構造―第一節家族の規模と構成」石原邦夫，青柳涼子，田渕六郎，『現代中国家族の多面性』弘文堂，27－36．

石塚浩美，2014，「中国における先進国型の『専業主婦』と女性就業に関する実証分析―2006年および2008年の中国総合社会調査CGSSデータを用いた分析」『大原社会問題研究所雑誌』667（6）：51－70．

伊藤公雄，牟田和恵，2015，『ジェンダーで学ぶ社会学（全訂新版）』世界思想社．

【J】

姜方炳，2007，「对80后一代角色偏差问题的体认与反思」『中国青年研究』（6）：21－25．

姜云飞，2009，「独立与传统：80后性别角色的双重标准」『中国青年研究』（7）：23－28．

金一虹，2006，「『铁姑娘』再思考——中国文化大革命期间的社会性别与劳动」『社会学研究』（1）：171－198．247．

——，2013，「社会转型中的中国工作母亲」『学海』（2）：56－63．

【K】

関志雄，2013，『中国二つの罠—待ち受ける歴史的転機』日本経済新聞出版社．

菱田雅晴，2000，「現代中国の社会変動をどう捉えるか」菱田雅治編『現代中国の構造変動5社会—国家との共棲関係』東京大学出版会，3－15．

菱田雅晴，園田茂人，2005，『経済発展と社会変動（シリーズ現代中国経済8）』名古屋大学出版会．

今野裕昭，2009＝2010，「Ⅲフィールドワーク」谷富夫，芦田徹郎編『よくわかる質的

社会調査法　技法編』ミネルヴァ書房，38－45．

【L】


雷洁琼，1994，『改革以来中国农村婚姻家庭的新变化』北京大学出版社．

李明欢，2004，「干得好不如嫁的好？关于当代中国女大学生社会性别观的若干思考」『妇女研究论丛』60（4）：25－30．

李树茁，王欢，2016，「家庭变迁、家庭政策演进与中国家庭政策构建」『人口与经济』219（6）：1－9．

李小江，2016，『女性乌托邦』社会科学出版社．

――――，1998＝2001，「公共空間の創造―中国の女性研究運動にかかわる自己分析」秋山洋子訳，秋山洋子，江上幸子，田畑佐和子，前山加奈子編訳『中国の女性学―平等幻想に挑む』勁草書房，3－40．

李艳梅，2008，「我国家政服务业的现状分析与规范化建设」『社会科学家』（7）：107－110．103．

林晓珊，2018，「改革开放四十年来的中国家庭变迁：轨迹、逻辑与趋势」『妇女研究论丛』

（５）：52－69．
刘文，姜鹏，邹庆红，２０１３，「『80后』的婚姻质量现状及其与子女气质、社会支持关系的研究」『中国青年研究』（３）：70－73．

【M】


马春华，石金群，李银河，王震宇，唐灿，２０１１，「中国城市家庭变迁的趋势和最新发现」『社会学研究』（２）：１８２－２４６．

馬欣欣，２０１１，『中国女性の就業行動―「市場化」と都市労働市場の変容』慶応大学出版会．

Mannheim, Karl.,1976,「世代の問題」鈴木広訳，樺俊雄監修『マンハイム全集３社会学の課題』，１４９－２３２．

松田茂樹，２００１，「性別役割分業と新・性別役割分業―仕事と家事の二重負担」『哲學』（１０６）：31－57．

孟鑫，２００２，「当前我国女性就业弱势问题的原因与对策」『理论前沿』（６）：26－27．

宮坂靖子，２００７，「中国の育児―ジェンダーと親族ネットワークを中心に」落合恵美子，山根真理，宮坂靖子『アジアの家族とジェンダー』勁草書房，１００－１２０．

――――, 2013, 「家族の情緒化と『専業母』規範―専業主婦規範の日中比較」『社会学評論』64（4）：589‐603.
宮坂靖子，金松花，2012，「中国の家族は『近代家族』化するのか？―『専業主婦』化／『専業母』化の動向をめぐって」『比較家族史研究』（26）：65－92.
牟田和恵，1994，「日本型近代家族研究の可能性―シンポジウムテーマの意義と意味を考える」『立命館言語文化研究』6（1）：65－73.
村田ひろ子，荒牧央，2015，「家庭生活の満足は家事の分担次第？―ISSP国際比較調査『家庭と男女の役割』から」『放送と調査』（10）：8－20.

【N】
中里英樹，ライカイ・ジョンボル・ティボル，2013，「近代家族の特性」野々山久也編『論点ハンドブック』世界思想社，91－94.
滑田明暢，サトウタツヤ，2013，「家事と稼ぎ手と育児役割実践の理解―類型による役割分担の形態と心理的評価の包括的検討」『立命館人間科学研究』26：63－75.
庭野晃子，2007，「父親が子どもの『世話役割』へ移行する過程：役割と意識との関係から」

『家族社会学研究』18（2）：103－114．

【O】


落合恵美子，2012，「親密性の労働とアジア女性の構築」落合恵美子，赤枝加奈子編『変容する親密圏／公共圏2―アジア女性と親密性の労働』京都大学学術出版会，1－34．

―――，2013，「近代世界の転換と家族変動の理論―アジアとヨーロッパ」『社会学評論』64（4）：533－552．

―――，2013，「アジア近代における親密圏と公共圏の再編成―『圧縮された近代』と『家族主義』」落合恵美子編『変容する親密圏／公共圏 1親密圏と公共圏の再編成―アジア近代からの問い』京都大学学術出版会，1－31．

―――，2008，「現代中国都市家族の社会的ネットワーク：無錫市の事例から」首藤明和，落合恵美子，小林一穂編著『分岐する現代中国家族：個人と家族の再編成（日中社会学叢書：グローバリゼーションと東アジア社会の新構想4）明石書店，64－110．

―――，1994＝2013，『21世紀の家族へ（第3版）』有斐閣．

落合恵美子，山根真理，宮坂靖子，2007，「アジアの家族とジェンダーの地域間比較―多様性と共通性―」落合恵美子，山根真理，宮坂靖子編『アジアの家族とジェンダー』勁草書房，285－310．

【P】

潘锦棠，2009，「促进女性就业的政府责任」『甘肃社会科学』（2）：28－31．

【S】

桜井厚，2002，『インタビューの社会学―ライフストーリーの聞き方』せりか書房．

佐藤郁哉，2008＝2009，『質的データ分析法―原理・方法・実践』新曜社．

Saxonberg,Steven.,& Sirovátka,Tomáš., 2006, “family policy in post-communist Central Europe” Journal of Comparative Policy Analysis,8 (2) :185−202．

瀬地山角，1990，「家父長制をめぐって」『フェミニズム論争』勁草書房，48－85．

―――，1996，『東アジアの家父長制 ジェンダーの比較社会学』勁草書房．

―――，2017，「第1章少子高齢化の進む東アジア―『東アジアの家父長制』から20年」瀬地山角編『ジェンダーとセクシュアリティで見る東アジア』勁草書房，5－40．

Seidman, Irving., 2013, Interviewing as Qualitative Research 4th Ed., New York: Teachers

College Press.

示村陽一，２００６，『異文化社会アメリカ（改訂版）』研究社．

山东省妇女社会地位调查课题组，２００３，「理想与现实的冲突―社会转型时期山东省性别文化的现状分析」蒋用萍编『世纪之交的中国妇女社会地位』当代中国出版社：５０４－５１４．

石金群，２０１５，『独立与依赖―转型期的中国城市家庭代际关系』社会科学文献出版社．

施利平，２０１３，「第七章．世代間関係」石原邦夫，青柳涼子，田渕六郎，『現代中国家族の多面性』弘文堂，１９９－２３４．

白水紀子，２００６，「ジェンダー意識・家族観の変容と社会―改革開放下の中国女性」金井淑子編著『ファミリー・トラブル』明石書店，２０７－２３２．

Shorter, Edward., 1975＝1987,The Making of the Modern Family.Basic Books　（＝田中俊宏，岩橋誠一，見崎恵子，作道潤訳『近代家族の形成』昭和堂）．

宋柳，２００５，「浅论当代中国妇女就业问题及对策」『四川教育学院学报』21（9）：26－29．

苏卫芳，２００８，「我国家政服务业的发展走势」『中国就业』（6）：52－54．

鈴木淳子，２００６，「心理学とジェンダー」鈴木淳子，柏木惠子著『ジェンダーの心理学：心と行動への新しい視座心理学の世界専門編5』培風館，1－34．

【T】

高丸（今村）理香，2016，「女性の就業中断経験は再就職のための資源として活用されるか―海外駐在員妻へのインタビューから」平成28年度お茶の水女子大学博士学位論文．

唐灿，2005，「中国城乡社会家庭结构与功能的变迁」『浙江学刊』（2）：201－208．

――，2014，「家庭研究的体用之辩」上海社会科学院家庭研究中心编『中国家庭研究 第八巻』上海社会科学院出版社（APP電子版）．

田娽，2016，「中国人女性の性別役割分業意識の変化―若年既婚者へのインタビュー調査から」『21世紀東アジア社会学』8：138－150．

――，2017，「中国若年女性の就職活動経験における葛藤について―インタビュー調査結果を通して」『日中社会学研究』25：167－177．

佟新，2008，「30年中国女性／性别社会学研究」『妇女研究论丛』（3）：66－74．

【U】

UN Women，2018，「ジェンダーとは？」

http://japan.unwomen.org/ja/news-and-events/news/2018/9/definition-gender（取得日：２０１８年11月17日）.

【W】

万红红，闵莎，２０１４，「观念变迁与现实的制约：干得好不如嫁的好―基于第三期湖北省妇女地位调查数据的分析」『中国民族大学学报（人文社会科学版）』34（6）：97－１０２.

王丛漫，单楠楠，２０１６，「供给侧结构性改革背景下家庭服务业存在的问题及培育对策――以河北省为例」『河北经贸大学学报』37（6）：１０１－１０５.

王莉丽，２０１３，「城镇女性失业问题及对策」『新乡师范高等专科学校学报』17（4）：59－61.

王勤，２００５，「走向前台的80后解读80年代生人」『中国青年研究』（4）：53－57.

王修智，２００８，「齐鲁文化对山东的深远影响」『理论前沿』（13）：27－28.

王学峰，２０１３，「我国80 后年轻人生存现状探析」『长春大学学报』23（6）：７５２－７５４．７５８.

吴帆，李建民，２０１２，「家庭发展能力建设的政策路径分析」『人口研究』36（4）：37－44.

武晓伟，闫艳，2009，「80后『闪婚』现象成因的社会学分析」『社科纵横』24（12）：84－86．
吴愈晓，2010，「影响城镇女性就业的微观因素及其变化－1995年与2002年比较」『社会』30（6）：136－155．

【X】

熊跃根，1998，「中国城市家庭的代际关系与老人照顾」『中国人口科学』69（6）：15－21．
徐安琪，2010，「家庭性别角色态度：刻板化倾向的经验分析」『妇女研究论丛』98（2）：18－28．
徐安琪，张亮，2009，「父亲育儿投入的影响因素：本土经验资料的解释」『中国青年研究』（4）：57－63．

【Y】

山根純佳，2010＝2011，『なぜ女性はケア労働をするのか―性別分業の再生産を超えて』勁草書房．
杨慧，2014，「80后女大学生就业状况与性别差异分析」『妇女研究论丛』123（3）：30－38．

杨菊华，2006＝2009，「从家务分工看私人空间的性别界限」『妇女研究论丛』（5）（＝谭琳，秀花编集『妇女／性别理论与实践妇—女研究论丛2005－2009集萃下册』社会科学文献出版社：948－861．

――――，2018，「新时代家庭面临的新问题及未来研究方向」『妇女研究论丛』（6）：6－12．

杨菊华，李路，2009，「代际互动与家庭凝聚力――东亚国家和地区比较研究」『社会学研究』（3）：26－53．

杨善华，1995，『经济体制改革和中国农村的家庭与婚姻』北京大学出版社．

杨志，1995＝1998，「当代中国女性角色冲突的现状―原因及改善提案」秋山洋子訳，秋山洋子，江上幸子，田畑佐和子，前山加奈子編訳『中国の女性学―平等幻想に挑む』勁草書房，74－91．

矢澤澄子，国広陽子，天童睦子，2003，「第四章．若い父親の『父アイデンティティ』―子育てのジレンマ」矢澤澄子，国広陽子，天童睦子著『都市環境と子育て―少子化・ジェンダー・シティズンシップ』勁草書房，77－96．

米村千代，2009＝2016，「日本の近代家族のおこり」『よくわかる現代家族（第2版）』ミネルヴァ書房．

吉田紘一，2012，『中国専制国家と家族・社会意識』文理閣．

原新，2016，「我国生育政策演进与人口均衡発展――从独生子女政策到全面二孩政策的思考」『人口学刊』38（5）：5－14．

袁晓燕，石磊，2017，「不同受教育程度女性双重负担比较」『复旦学报（社会科学版）』59（5）：130－139．

于建明，2008，「中国都市部の中年期夫婦にみる情緒関係――中年期の二つの世代の比較を通して」人間文化創成科学論叢（11）：259－267．

――，2013，『中国都市部における中年期男女の夫婦関係に関する質的研究』日本僑報社．


【Z】


张峰，2000，「年代差异与中国渐进式转型」『甘肃理论学刊』（3）：142－148．

张海燕，2006，「中国女性就业现状与解决対策」『边疆经济与文化』33（9）：80－83．

张继涛，谭贝贝，２００９，「『80后』概念界定的合理性分析」『当代继续教育』27（5）：49－51.
张翼，２０１３，「中国的人口转变与未来人口政策的调整」『中国特色社会主义研究』（3）：66－70.
张展新，２００４，「市场化转型中的城市女性失业：理论观点与实证发现」『市场与人口分析第10卷』（1）：1－9.
Zhang,Zhe.,2017, "Division of Housework in Transitional Urban China" Chinese Sociological Review 49 (2) : 263–291.
赵丰，２００７，「青年研究：从『代』到『后』的演进」『中国青年研究』（12）：39－41.
赵树海，吴爱萍，王蕾，２０１０，「我国家政服务业的现状及其发展对策」『红旗文稿』（18）：27－29.
赵霞，２００３，「女大学生就业的弱势原因与强势关怀」『青年研究』（2）：7－12.
赵晓培，吴朝彦，王立华，郭凯，２０１６，『新中国成立初期华北地区婚姻家庭变迁诸问题研究』四川大学出版社.

郑斯林，１９９９，「贯彻四中全会精神深化国有企业改革进一步推进国企分离办社会职能工作」『中国经贸导刊』（21）：４－７.

鄭楊，２０１２，「市場経済の転換期を生きる中国女性の性別規範－３都市主婦のインタビューを通して」落合恵美子，赤枝加奈子編『変容する親密圏／公共圏２アジア女性と親密性の労働』京都大学学術出版会，１５３－１７４.

钟晓华，２０１０，「『80后』价值取向的社会评价与自我认知」『思想教育研究』（１）：21－26.

周岑茗，２０１３，「女大学生隐形就业歧视问题研究」『青年与社会』５３２（13）：31－33.

周玲，２００６，「父亲参与家庭教育的影响力及现状分析」『金华职业技术学院学报第６巻』（２）：84－87. 90.

Zuo ,Jiping.,& Bian,Yan jie.,2001, “ Gendered Resources, Division of Housework, and Perceived Fairness. A Case in Urban China” Journal of Marriage and Family 63 (4) :1122-1133.

田　嫄（でん・げん）
１９８６年生まれ、お茶の水女子大学大学院人間文化創成科学研究科博士後期課程修了
お茶の水女子大学みがかずば研究員，明治大学法人ポストドクター，東京家政大学非常勤講師，お茶の水女子大学学生キャリア支援センターアソシエエットフェローを経て，現在，中国山東師範大学外国語学院准教授
専門：家族社会学，地域研究，通訳研究

バランスの舞台裏：中国80後（バーリンホウ）の仕事と家事・育児の役割調整プロセス

２０２３年１１月２７日初版印刷
２０２３年１２月　１日初版発行
著　者　田　嫄
発行者　岡田金太郎
発行所　三学出版有限会社
〒520-0835 滋賀県大津市別保3丁目3-57 別保ビル３階
TEL 077-536-5403 FAX 077-536-5404
https://sangakusyuppan.com

モリモト印刷株式会社　印刷・製本